与学生谈青春期心理

《"四特"教育系列丛书》编写组　编著

吉林出版集团股份有限公司
全国百佳图书出版单位

图书在版编目(CIP)数据

与学生谈青春期心理/《"四特"教育系列丛书》编写组编著. —长春：吉林出版集团股份有限公司，2012.4
（"四特"教育系列丛书/庄文中等主编. 与学生谈生命与青春期教育）
ISBN 978-7-5463-8640-9

Ⅰ.①与… Ⅱ.①四… Ⅲ.①青春期－心理健康－健康教育 Ⅳ.① G479

中国版本图书馆 CIP 数据核字（2012）第 044174 号

与学生谈青春期心理
YU XUESHENG TAN QINGCHUNQI XINLI

出 版 人	吴 强
责任编辑	朱子玉 杨 帆
开 本	690mm×960mm 1/16
字 数	250 千字
印 张	13
版 次	2012 年 4 月第 1 版
印 次	2023 年 2 月第 3 次印刷
出 版	吉林出版集团股份有限公司
发 行	吉林音像出版社有限责任公司
地 址	长春市南关区福祉大路 5788 号
电 话	0431-81629667
印 刷	三河市燕春印务有限公司

ISBN 978-7-5463-8640-9　　　　　定价：39.80 元

版权所有　侵权必究

前　言

　　学校教育是个人一生中所受教育最重要组成部分，个人在学校里接受计划性的指导，系统地学习文化知识、社会规范、道德准则和价值观念。学校教育从某种意义上讲，决定着个人社会化的水平和性质，是个体社会化的重要基地。知识经济时代要求社会尊师重教，学校教育越来越受重视，在社会中起到举足轻重的作用。

　　"四特教育系列丛书"以"特定对象、特别对待、特殊方法、特例分析"为宗旨，立足学校教育与管理，理论结合实践，集多位教育界专家、学者以及一线校长、老师们的教育成果与经验于一体，围绕困扰学校、领导、教师、学生的教育难题，集思广益，多方借鉴，力求全面彻底解决。

　　本辑为"四特教育系列丛书"之《与学生谈生命与青春期教育》。

　　生命教育是一切教育的前提，同时还是教育的最高追求。因此，生命教育应该成为指向人的终极关怀的重要教育理念，它是在充分考察人的生命本质的基础上提出来的，符合人性要求，是一种全面关照生命多层次的人本教育。生命教育不仅只是教会青少年珍爱生命，更要启发青少年完整理解生命的意义，积极创造生命的价值；生命教育不仅只是告诉青少年关注自身生命，更要帮助青少年关注、尊重、热爱他人的生命；生命教育不仅只是惠泽人类的教育，还应该让青少年明白让生命的其它物种和谐地同在一片蓝天下；生命教育不仅只是关心今日生命之享用，还应该关怀明日生命之发展。

　　同时，广大青少年学生正处在身心发展的重要时期，随着生理、心理的发育和发展、社会阅历的扩展及思维方式的变化，特别是面对社会的压力，他们在学习、生活、人际交往和自我意识等方面，都会遇到各种各样的心理困惑或问题。因此，对学生进行青春期健康教育，是学生健康成长的需要，也是推进素质教育的必然要求。青春期教育主要包括性知识教育、性心理教育、健康情感教育、健康心理教育、摆脱青春期烦恼教育、健康成长教育、正确处世教育、理想信念教育、坚强意志教育、人生观教育等内容，具有很强的系统性、实用性、知识性和指导性。

　　本辑共20分册，具体内容如下：

　　1.《与学生谈自我教育》

　　自我教育作为学校德育的一种方法，要求教育者按照受教育者的身心发展阶段予以适当的指导，充分发挥他们提高思想品德的自觉性、积极性，使他们能把教育者的要求，变为自己努力的目标。要帮助受教育者树立明确的是非观念，善于区别真伪、善恶和美丑，鼓励他们追求真、善、美，反对假、恶、丑。要培养受教育者自我认识、自我监督和自我评价的能力，善于肯定并坚持自己正确的思想言行，勇于否定并改正自己错误的思想言行。要指导受教育者学会运用批评和自我批评这种自我教育的方法。

　　2.《与学生谈他人教育》

　　21世纪的教育将以学会"关心"为根本宗旨和主要内容。一般认为，"关心"包括关心自己、关心他人、关心社会和关心学习等方面。"关心他人"无疑是"关心"教育的最为重要的方面之一。学会关心他人既是继承我国优良传统的基础工程,也是当前社会主义精神文明建设的基础工程,是社会公德、职业道德的主要内容。许多革命伟人,许多英雄模范,他们之所以有高尚境界,其道德基础就在于"关心他人"。本书就学生的生命与他人教育问题进行了系统而深入的分析和探讨。

3.《与学生谈自然教育》

自然教育是解决如何按照天性培养孩子,如何释放孩子潜在能量,如何在适龄阶段培养孩子的自立、自强、自信、自理等综合素养的均衡发展的完整方案,解决儿童培养过程中的所有个性化问题,培养面向一生的优质生存能力、培养生活的强者。自然教育着重品格、品行、习惯的培养;提倡天性本能的释放;强调真实、孝顺、感恩;注重生活自理习惯和非正式环境下抓取性学习习惯的培养。

4.《与学生谈社会教育》

现代社会教育是学校教育的重要补充。不同社会制度的国家或政权,实施不同性质的社会教育。现代学校教育同社会发展息息相关,青少年一代的成长也迫切需要社会教育密切配合。社会要求青少年扩大社会交往,充分发展其兴趣、爱好和个性,广泛培养其特殊才能,因此,社会教育对广大青少年的成长来说,也具有了极其重要的意义。本书就学生的生命与社会教育问题进行了系统而深入的分析和探讨。

5.《与学生谈创造教育》

我们中小学实施的应是广义的创造教育,是指根据创造学的基本原理,以培养人的创新意识、创新精神、创造个性、创新能力为目标,有机结合哲学、教育学、心理学、人才学、生理学、未来学、行为科学等有关学科,全面深入地开发学生潜在创造力,培养创造型人才的一种新型教育。其主要特点有:突出创造性思维,以培养学生的创造性思维能力为重点;注重个性发展,让学生的禀赋、优势和特长得到充分发展,以激发其创造潜能;注意启发诱导,激励学生主动思考和分析问题;重视非智力因素。培养学生良好的创新心理素质;强调实践训练,全面锻炼创新能力。本书就学生的生命与创造教育问题进行了系统而深入的分析和探讨。

6.《与学生谈非智力培养》

非智力因素包含:注意力、自信心、责任心、抗挫折能力、快乐性格、探索精神、好奇心、创造力、主动思索、合作精神、自我认知……本书就学生的非智力因素培养问题进行了系统而深入的分析和探讨,并提出了解决这一问题的新思路、可供实际操作的新方案,内容翔实,个案丰富,对中小学生、教师及家长均有启发意义。本书体例科学,内容生动活泼,语言简洁明快,针对性强,具有很强的系统性、实用性、实践性和指导性。

7.《与学生谈智力培养》

教师在教学辅导中对孩子智力技能形成的培养,应考虑智力技能形成的阶段,采取多种教学措施有意识地进行。本书就学生的智力培养教育问题进行了系统而深入的分析和探讨,并提出了解决这一问题的新思路、可供实际操作的新方案,内容翔实,个案丰富,对中小学生、教师及家长均有启发意义。本书体例科学,内容生动活泼,语言简洁明快,针对性强,具有很强的系统性、实用性、实践性和指导性。

8.《与学生谈能力培养》

真正的学习是培养自己在没有路牌的地方也能走路的能力。能力到底包括哪些内容?怎样培养这些能力呢?本书就学生的能力培养问题进行了系统而深入的分析和探讨，并提出了解决这一问题的新思路、可供实际操作的新方案，内容翔实，个案丰富，对中小学生、教师及家长均有启发意义。本书体例科学，内容生动活泼，语言简洁明快，针对性强，具有很强的系统性、实用性、实践性和指导性。

9.《与学生谈心理锻炼》

心理素质训练在提升人格、磨练意志、增强责任感和团队精神等方面有着特殊的功效，作为对大中专学生的一种辅助教育方法，不仅能够丰富教学内容，改革教学模式，而且能使大学生获得良好的体能训练和心理教育，增强他们的社会适应能力，提高他们毕业之后走上工作岗位的竞争力。本书就学生的心理锻炼问题进行了系统而深入的分析和探讨。

10.《与学生谈适应锻炼》

适应能力和方方面面的关系很密切，我认为主要有以下几个方面：社会环境、个人经历、身体状况、年龄性格、心态。其中最重要是心态，不管遇到什么事情，都要尽可能的保持乐观的态度从容的心态。适应新环境、适应新工作、适应新邻居、适应突发事件的打击、适应高速的生活节奏、适应周边的大悲大喜，等等，都需要我们用一种冷静的态度去看待周围的事物。本书就学生的社会适应性锻炼教育问题进行了系统而深入的分析和探讨。

11.《与学生谈安全教育》

采取广义的解释，将学校师生员工所发生事故之处，全部涵盖在校园区域内才是，如此我们在探讨校园安全问题时，其触角可能会更深、更远、更广、更周详。

12.《与学生谈自我防护》

防骗防盗防暴与防身自卫、预防黄赌毒侵害等内容，生动有趣，具有很强的系统性和实用性，是各级学校用以指导广大中小学生进行安全知识教育的良好读本，也是各级图书馆收藏的最佳版本。

13.《与学生谈青春期情感》

青春期是花的季节，在这一阶段，第二性征渐渐发育，性意识也慢慢成熟。此时，情绪较为敏感，易冲动，对异性充满了好奇与向往，当然也会伴随着出现许多情感的困惑，如初恋的兴奋、失恋的沮丧、单恋的烦恼等等。中学生由于尚处于发育过程中，思想、情感极不稳定，往往无法控制自己的情绪，考虑问题也缺乏理性，常常会造成各种错误，因此人们习惯于将这一时期称作"危险期"。本书就学生的青春期情感教育问题进行了系统而深入的分析和探讨。

14.《与学生谈青春期心理》

青春期是人的一生中心理发展最活跃的阶段，也是容易产生心理问题的重要阶段，因此要关注心理健康。本书就学生的青春期心理教育问题进行了系统而深入的分析和探讨，并提出了解决这一问题的新思路、可供实际操作的新方案，内容翔实，个案丰富，对中小学生、教师及家长均有启发意义。本书体例科学，内容生动活泼，语言简洁明快，针对性强，具有很强的系统性、实用性、实践性和指导性。

15.《与学生谈青春期健康》

青春期常见疾病有，乳房发育不良，遗精异常，痤疮，青春期痤疮，神经性厌食症，青春期高血压，青春期甲状腺肿大，甲型肝炎等。用注意及时预防以及注意膳食平衡和营养合理。本书就学生的青春期健康教育问题进行了系统而深入的分析和探讨，并提出了解决这一问题的新思路、可供实际操作的新方案，内容翔实，个案丰富，对中小学生、教师及家长均有启发意义。本书体例科学,内容生动活泼,语言简洁明快,针对性强,具有很强的系统性、实用性、实践性和指导性。

16.《与学生谈青春期烦恼》

青少年产生烦恼的生理原因是什么?青少年的烦恼有哪些?消除青春期烦恼的科学方法有哪些?本书就学生如何摆脱青春期烦恼问题进行了系统而深入的分析和探讨,并提出了解决这一问题的新思路、可供实际操作的新方案,内容翔实,个案丰富,对中小学生、教师及家长均有启发意义。本书体例科学,内容生动活泼,语言简洁明快,针对性强,具有很强的系统性、实用性、实践性和指导性。

17.《与学生谈成长》

成长教育的概念,从目的和方向上讲,应该是培育身心健康的、适合社会生活的、能够自食其力的、家庭和睦的、追求幸福生活的人;从内容上讲,主要是素质及智慧的开发和培育。人的内涵最根本的是思想,包括思想的内容、水平、能力等;外显的是言行、气质等。本书就学生的健康成长问题进行了系统而深入的分析和探讨,并提出了解决这一问题的新思路、可供实际操作的新方案,内容翔实,个案丰富,对中小学生、教师及家长均有启发意义。

18.《与学生谈处世》

处世是人生的必修课,从小要教给孩子处世的技巧,让孩子学会处世的智慧,这对他们的成长至关重要。本书从如何做事、如何交往、如何生活、如何与人沟通、如何处理自己的消极情绪等十个方面着手,力图把处世的智慧教给孩子,让孩子学会正确处理复杂的人际关系。本书体例科学,内容生动活泼,语言简洁明快,针对性强,具有很强的系统性、实用性、实践性和指导性。

19.《与学生谈理想》

教育是一项育人的事业,人是需要用理想来引导的。教育是一项百年大计,大计是需要用理想来坚持的。教育是一项崇高的事业,崇高是需要用理想来奠实的。学校没有理想,只会急功近利,目光短浅,不能真正为学生终身发展奠基;教师没有理想,只会自怨自艾,早生倦息,不会把教育当作终身的事业来对待。学生没有理想,就没有美好的未来。本书就学生的理想信念问题进行了系统而深入的分析和探讨,并提出了解决这一问题的新思路、可供实际操作的新方案,内容翔实,个案丰富,对中小学生、教师及家长均有启发意义。

20.《与学生谈人生》

人生观是对人生的目的、意义和道路的根本看法和态度。内容包括幸福观、苦乐观、生死观、荣辱观、恋爱观等。它是世界观的一个重要组成部分,受到世界观的制约。本书就学生如何树立正确的人生观问题进行了系统而深入的分析和探讨,并提出了解决这一问题的新思路、可供实际操作的新方案,内容翔实,个案丰富,对中小学生、教师及家长均有启发意义。本书体例科学,内容生动活泼,语言简洁明快,针对性强,具有很强的系统性、实用性、实践性和指导性。

由于时间、经验的关系,本书在编写等方面,必定存在不足和错误之处,衷心希望各界读者、一线教师及教育界人士批评指正。

编者

目　录

第一章　走出迷茫心理 ……………………………………（1）

第一节　克服病态心理 ……………………………………（2）

1. 克服失望心理 …………………………………（2）
2. 克服嫉妒心理 …………………………………（5）
3. 克服焦虑心理 …………………………………（9）
4. 克服自卑心理 …………………………………（13）
5. 克服冲动心理 …………………………………（17）
6. 克服紧张心理 …………………………………（21）
7. 克服抑郁心理 …………………………………（24）
8. 克服浮躁心理 …………………………………（28）
9. 克服抱怨心理 …………………………………（31）

第二节　塑造健康心理 ……………………………………（35）

1. 提高自我控制能力 ……………………………（35）
2. 自我调节情绪 …………………………………（39）
3. 学会幽默心理 …………………………………（44）
4. 保持"空杯"心态 ………………………………（46）
5. 我自信,我成功 …………………………………（51）
6. 做一个积极乐观的人 …………………………（56）

第二章 战胜缺陷性格 ·· (63)

第一节 克服不良性格 ·· (64)

1. 克服自负心理 ·· (64)
2. 克服孤独心理 ·· (67)
3. 克服依赖心理 ·· (70)
4. 克服虚荣心理 ·· (74)
5. 克服害羞心理 ·· (78)
6. 克服自私心理 ·· (81)
7. 克服自闭心理 ·· (85)
8. 克服狭隘心理 ·· (89)

第二节 塑造良好性格 ·· (94)

1. 学会坚强意志 ·· (94)
2. 做到热忱生活 ·· (97)
3. 学会与人宽容 ·· (100)
4. 学会诚实做人 ·· (103)
5. 学会谦虚为人 ·· (107)
6. 遇事总要冷静 ·· (112)
7. 常怀感恩之心 ·· (117)
8. 做一个富有爱心的人 ·· (121)

第三章 拥有美好情感 ·· (125)

第一节 克服错误情感 ·· (126)

1. 抵御恋爱的心理诱惑 ·· (126)
2. 认识"早恋"的危害 ·· (130)
3. 走出单恋的曲折迷宫 ·· (133)
4. 从暗恋的苦恼中解脱 ·· (137)

5. 克服失恋后的心理危机 ………………………… (142)

第二节 获得美好情感 ………………………… (147)
  1. 青春期性心理意识的发展 ……………………… (147)
  2. 青春期恋爱的心理影响 ………………………… (151)
  3. 远离"师生恋"的泥沼 ………………………… (154)
  4. 不要贪恋一时的爱情 …………………………… (158)
  5. 克服性别认同的模糊 …………………………… (161)

第四章 建立友好人际 …………………………… (165)

第一节 克服错位人际 ………………………… (166)
  1. 克服交往中的猜疑心理 ………………………… (166)
  2. 社交恐惧心理调适 ……………………………… (169)
  3. 朋友间要多信任 ………………………………… (172)
  4. 不要对交际过于敏感 …………………………… (175)
  5. 如何处理异性交往 ……………………………… (177)

第二节 构建良好人际 ………………………… (181)
  1. 与人交往要守信 ………………………………… (181)
  2. 要赋有同情之心 ………………………………… (184)
  3. 处处为他人着想 ………………………………… (187)
  4. 懂得真诚赞美他人 ……………………………… (191)
  5. 学会关心身边的人 ……………………………… (195)

第一节 克服病态心理

1. 克服失望心理

心理学家认为，失望的心理简直就像普通的感冒一样，这种心理几乎每个人都有过。差别就在于有的人很快就能摆脱失望，而有的人却被失望长期羁绊着。其实感冒并不可怕，失望也是如此，只要你尽快治疗、尽快做自我调节，很快就能从失望的阴影里走出来。进而精力充沛地工作、学习。

著名的发明家爱迪生说："失败也是我需要的，它和成功对我一样有价值。"失败对于有志者来说，往往是动力的来源。面临失败我们不要悲观失望，而要在失败中崛起，找出失败的原因并寻求进取之策，要有不达目标不罢休的决心。

失望心理——意志发展不成熟的表现

每位青少年都具有积极向上的进取之心，这与他们强烈的求知欲、自尊心和好胜心是密不可分的。但由于他们没有过多的经验，思考问题时也并不周密，往往带着浓厚的情感色彩去看待周围的人和事，然而，有时还片面地坚持己见，对老师或集体的要求，合乎己意的就去做，不合己意的就盲目地拒绝。他们不能很好地控制自己，总是凭着自己的冲动去做事，如果事情成功了，就会为此沾沾自喜，如果事情没有做好或者失败了，他们就会悲观、失望、懊恼、后悔，从此一蹶不振。这一切都说明了他们意志和品质的发展还不成熟,缺乏自制力和自控制能力,所以,摆脱不了失望的困惑。

张朋某校初中二年级的学生。在小学时他的各门功课一直都很优秀。刚踏入初中时他的成绩也是名列前茅。但是,到了初二上学期,在期末考试中他的数学才得了75分,这对他来说是很大的打击,因为数学是他的强项,以前的考试他从没有下过90分。自这次期末考试后,他就像变了一个人似的。乐于助人、热情开朗的他整天忧虑重重、闷闷不乐,总感觉周围的同学在嘲笑他、看不起他,好几次同学叫他一起去看电影、打篮球可他都拒绝了,而且时不时的还发脾气,就这样持续了一年之久,还仍然没有从悲观失望中崛起。

其实,人生在世不如意的事十有八九。青少年在生活和学习中遇到挫折时都会感到有一种失落感,有些青少年就会产生放弃学习的念头。在这个时候就需要我们认真思考一下了,在这反复挣扎的过程中,我们应该怎样面对失败和挫折呢?有这样一句话:蜘蛛不会因为一次网破而不再吐丝,蛹也不会因为要面对破茧的痛苦而甘于死在茧内。所以,青少年在遇到挫折和失败时,不要一蹶不振、悲观失望。此时,我们应该像蜘蛛那样保持积极向上的精神,像蛹那样不屈服于困难和失败,相信自己终有一天会走向成功。只要我们坚持不懈,不屈不挠,只要我们肯为目标而努力奋斗,就一定会摆脱失望,就一定会走向成功。

安徒生如果当时不勇于面对挫折,不为目标而努力奋斗,最终他会写出意义深刻的童话故事吗?会成为举世闻名的童话作家吗?不会的。在面对耳聋、感情等多方面"围攻"的音乐家贝多芬,他退缩了吗?没有,这些挫折和困难,使他变得更加勇敢,更加坚强地去寻找人生的音乐。正因为如此,他才成为了世界著名的音乐家。所以,成功是需要我们在失败的时候勇于面对、积极向上、锲而不舍、不畏困苦,这样,我们才会离成功越来越近。

摆脱失望,经得起考验

有成功就有失败。然而,成功可以给我们带来喜悦的心情,失败则会让我们感到失望、懊恼。这些事情在生活中都是很常见的,有的青少年看到成功就兴奋,看到失败就沮丧,甚至被失败彻底打倒,长久的沉浸在失望的情绪中,不能自拔。

那么,青少年应如何摆脱失望的心理呢?

1. 确定自己的奋斗目标。目标对于每个青少年来说都非常重要。然而,确定自己的目标时要根据自身条件和客观情况来规划自己的奋斗目标,切记目标不要过高,否则可能会带来负面影响。如你的数学成绩很一般,可你却期盼在数学竞赛中能拿第一,其结果难免失望。如果你的外语一窍不通,而你却想很快当上外文翻译家,那岂不自寻失望吗?在现实中,如果你所做的事情与实际期望的不符合,那就是期望越高,失望就越是沉重。我们在定目标时要根据自己的实际能力来确定相当的目标,这样就能减少失望的情绪。

2. 要经得起困难和挫折。在这个世界上,没有事事顺心的事,也没有一个人在一生中只有幸运而没有困难。而那些成功的人,往往都是在历经艰难、百折不挠、坚持不懈,在一次次的失败中爬起来的,他们会在每次失望中重新树立自己的信心和动力。就像爱迪生一样,在研制灯泡的试验中经历了一万次失败才取得了成功。倘若当时爱迪生知难而退,那么,他就不可能是电灯的创造者了。这说明,要克服失望的情绪就必须要经得起挫折和困难的考验。

3. 正确地接受批评。青少年当你受到批评时,不要为此感到失望、不平和愤怒。此时,你应该吸取教训,把所有的精力用来制定一个明确的计划，用来自省批评并重新起步。不要把时间和精力浪费在彼此的抱怨上，应该积极向上，为自己的下一个目标而努力奋斗。

4. 要时刻充满希望。学习、生活、创业是一个复杂而漫长的过程，也是一个连续不断的过程。有些青少年的失望，恰恰是把所有希望都割断了。如果我们把读书和学习看成一个循序渐进、连续奋斗的过程时，那么，对成功和失败的看法也就截然不同了。所以，青少年要时刻充满希望，把握以后的每次机会，摆脱失败，走向成功。

5. 正确对待失望。青少年要认清人生的道路上的失望是不可避免的，不要因此而逃避。其实，期望不只是一个点，它还具有线和面。这样的好处是一旦遇到难遂人愿的情况时，我们就有思想准备放弃原来的想法，追求新的目标。比如你去剧场听音乐会，你原先以为自己喜爱的歌唱家会参加演出，不料他却因病不能演出，你当时可能会感到失望。可是这时如果你将期望的目光投向其他歌手时，你就会抛弃失望的情绪，慢慢地沉浸在音乐的旋律中。内心也会充满喜悦。

在生活中失望多了，人们就会感到有挫折感，觉得事事都不顺利，青少年应当充满希望而不是充满失望。不要因一时的失败和挫折而长吁短叹，不要因路途坎坷而灰心丧气，不要因厄运重生而意志消沉，落泪和沮丧不是我们所需要的形象，只有努力拼搏的火花才能摆脱失望、才能燃起希望之光。

2. 克服嫉妒心理

嫉妒是人的一种天性，它是人际关系中较为普遍的社会心理和情绪心理的表现。一个人如果产生了嫉妒心理，那么他常常会以"自己"为中心，看不见别人的优势也发现不了自己的不足，整天满脑子都是为什么别人比自己出色,其结果只能是自寻烦恼。如果让嫉妒心理长存心中,那么,嫉妒心理就会演变为嫉妒行为,最终就会害人又害己。

嫉妒心是指别人在某方面比自己出色,并认为别人的优势会损害自己的利益,在心理产生的嫉恨与不满。这种不良情绪往往是从侧面流露出来的,这是嫉妒心理的表现特点。每个人都有嫉妒心理,只是嫉妒的程度不同而已,所以在生活中嫉妒处处存在。比如:兄妹之间存在着嫉妒、朋友之间存在着嫉妒、同事之间存在着嫉妒等等。

嫉妒——心灵的一颗毒瘤

现实生活中,尤其不够成熟的青少年最容易产生嫉妒心理了。如别的同学家庭条件好,穿着好看的衣服,背好看的书包,其他同学比自己学习好等等。这时,嫉妒就像幽灵似的困扰着青少年的心灵,践踏着可贵的友谊。

每位青少年都是争强好胜的,要对自己的心理进行正确分析,那嫉妒心理就会把青少年们的心灵拉入地狱。在现实生活中,如果遇到别人比自己幸运,心里就会很不是滋味。如有的青少年看到别的同学比自己成绩好,其他方面的能力也比自己强,生活条件也比自己优越,受到的表扬和得到的荣誉都比自己多,就产生嫉妒和不满;嫉妒是阻碍青少年前进的拦路虎,嫉妒的人总是拿别人的优点来折磨自己。其实,现实生活中有很多问题都很复杂,青少年难免会遇到各种各样想不通的问题,这都是在所难免的,在遇到这种情况时,嫉妒要像闪电那样瞬间即失。否则,只会给你带来更多麻烦,百害而无一利。

小晶学习成绩好,而受到同学马娟的妒忌。一开始,马娟是作为一种动力,要求自己一定要不惜一切代价提高学习成绩,赶上小晶,但直到高三,马娟的成绩仍然远远落后于小晶,在高考前的冲刺阶段,一直处心积虑的马娟想到了一个可以影响小晶学习成绩的办法,那就是用硫酸来帮助自己。她花6元钱买了一瓶浓硫酸带回学校,半夜时,她拿着一杯浓硫酸来到小晶的宿舍。由于宿舍门锁坏了,马娟很容易就进了宿舍,谁也不曾想马娟竟然把把硫酸泼到了小晶的好朋友张静的脸上。原因是张静抢了马娟的男朋友,于是借助泼硫酸一箭双雕,既报复了张静,又达到影响小晶学习的目的。因为张静住院,小晶肯定会去医院探望,这样小晶的学习成绩就会受影响。正如马娟所期望的那样,小晶有很长一段时间在医院陪张静,成绩直线下降。马娟的计划虽得逞了,但她也为此付出了沉重的代价,因故意伤害罪,手段特别残忍,一审被判处死刑。

可见,马娟正是出于嫉妒之心,把自己的心灵置入到地狱之中,把自己折磨来折磨去,最后赔进了自己的性命。

青少年产生嫉妒心除自身的原因外,还有一点就是如果老师处理问题不公平或心理上有偏爱,对某些同学因为成绩差而有成见等等,都有可能产生矛盾,甚至会使一些学生因怨恨而产生嫉妒心理。

那么,心存嫉妒对青少年的健康成长会带来哪些危害呢?

1. 嫉妒的突出表现就是中伤别人,损害别人的自尊心,打击别人的进步,这不利于同学之间的正常交往。在特定的条件下便以各种消极的情绪、情感和有害的行为表现出来,并外化为种种邪恶的力量,造成一些无可挽回和令人痛心的危害。

2. 危害身心健康,恶化同学关系。心理经常处于紧张焦虑状态,不仅影响学业进步,影响身体健康,更会影响其健康人格的形成。嫉妒会使人心胸狭窄,目光短浅。

3. 嫉妒不仅危害别人,也危害自己。嫉妒潜移默化地磨灭你们奋发向上的锐气,倘若一名青少年长期处在嫉妒的心境之中,那么他就

会在内心深处产生一种压抑感，给自己造成莫大的心理压力。

调整心态，创造美好明天

现在大多数家庭都是独生子女，他们享受着优越的物质生活的同时也受到父母的精心呵护和关爱。然而，青少年们在健康成长的过程中总会遇到复杂多样的问题，嫉妒就是其中之一。嫉妒可能会摧毁青少年的理智或扭曲他们的人格。由此，青少年若心生嫉妒之时，必须要及时控制。方法如下：

1. 认清嫉妒

一个人不服输是进步的动力，但事事不服输，却是不可能的。人有所长必有所短。想通这一点，就会驱除嫉妒的困扰。此外，嫉妒的结果往往是损害别人，贻误自己。思想上深刻认识了，对其危害性才会产生深刻认识，在行动上也会与之决裂。为此，何必做那些得不偿失的事情呢。

2. 要走出自我狭隘的小圈子，做个明白人。青少年在成长的过程中，时时会发现自己周围的同学正在超越自己。如果你能为他们的进步而高兴，并能为有如此出色的朋友而感到骄傲和自豪时，那么你就走出了自我狭隘的小圈子，你就具有了一种宽广的胸怀，这种胸怀对于你将来的成功十分重要。如果说嫉妒心理代表着一种平庸和狭隘，那么能够积极地容纳别人和欢迎别人超越自己的态度则代表着一种高尚和善智。

3. 提高自身的竞争意识。有嫉妒心理的青少年，把这种心理转化成竞争的动力，并通过竞争来提高自己各方面的能力，通过自己的不断努力来超越对方，久而久之，就避免了嫉妒心产生的消极影响。

4. 要胸怀开阔，要有容人之量。俗话说得好："公侯头上能走马，宰相肚里能撑船。"就是要胸阔如海，宽容大度，才会消除妒忌。

各人有各人的长处，不能因为自己有所短而害怕别人超过自己，对同学任何方面的成绩或进步要抱欢迎的态度。这种良好的心态，是一个健康人格的反映。

5. 看到自己的长处，化嫉妒为动力。一般而言，嫉妒心理较多地产生于周围熟悉的年龄相仿、生活背景大致相同的人群中。因此，只有采取正确的比较方法，将人之长比己之短，而不是以己之长比人之短。一个人在嫉妒别人时，总是注意到别人的优点，却不能注意自己比别人强的地方。其实任何人都有不如别人的地方，当别人在某些方面超过我们时，我们可以有意识地想一想自己比对方强的地方，这样就会使自己失衡的心理天平重新恢复到平衡的状态。

中国古代这样一副对联，叫做"欲无后悔须律己，各有前程莫妒人"。希望有嫉妒心的青少年读读此联，然后，不断地的反思自己，并改善自己的不良行为习惯。人生在世，重在不断的自我完善，而不是击倒他人。俗话说好："临渊羡鱼，不如退而结网。"青少年们要用正确的态度来引导自己不甘落后的进取精神，做一个道德高尚的人，不断地调整心态、超越自我，尽早地跳出嫉妒的深潭，为自己美好的明天而努力奋斗。

争强好胜是好事，也是坏事，学会赞扬和羡慕，对手超过自己，你要羡慕他，同时也要诚心的赞扬他下。另外，要自己反思，找到自身的不足，并下工夫克服，做到全面提高自己。这样，不仅在学习上，同时在道德和心理上都会有所提高。

3. 克服焦虑心理

焦虑是一种不愉快的情绪状态，焦虑是对被压抑的性欲或攻击冲动的反应，这种冲动正要打破维持内心平衡的心理防御机制。其实，焦虑的心情能使人在危险的处境中保持适当的警觉性。但是青少年时期的生理环境及社会环境都处在不断的发展变化中，所以，复杂、纷繁的内外刺激时刻影响他们的心情，这些都极易导致他们心理失衡、产生焦虑，这些种种因素都影响着青少年的身心健康和发展。

大多数青少年都是因为学习情绪不良而产生的焦虑。此时，青少年对学习有轻微的焦虑是很正常的。据心理学家调查研究表明：青少年时期有适度的焦虑是他们对学习有责任感的反映，它恰恰可以使人自我调整。但是，如果青少年的焦虑程度产生过分的紧张、担心和忧虑，甚至恐惧，这就严重的造成了心理问题，对他们的身心健康成长极为不利。

焦虑——人生之大敌

有时候焦虑的心情可以使人能够维持精巧、协调的意识转换。例如：从焦虑到睡眠到觉醒再到焦虑等这些循环性的转换；但是有时一个人对外部产生不恰当的或者是过分的不良焦虑反应，这些现象的产生就很有可能患了焦虑性障碍。有些青少年有考试焦虑情绪是因为有坏情绪的不断积压而产生的。例如：考试成绩不理想，升学的压力过重，父母的唠叨等等，这些都可能使青少年的心情产生不断的变化。

王某是某省重点高中三年级学生。因临近高考，出现紧张、不安，注意力不集中，学习效率差，在其母亲陪同下来到心理咨询门诊。该生出生于教师家庭，自幼受到父母严格的教育，倘若考试偶尔失误，就要受到严厉惩罚。从小学起，学习成绩一直名列前茅，特别是进入高中以后，综合成绩排名全年级前三名，学校、家长对她寄予很大的希望。但近一个多月以来，紧张、不安、心烦意乱、失眠，看书复习效率每况愈下，模拟考试成绩一次不如一次，老师和家长由关心到埋怨使她痛苦不已，最近经常啼哭或发脾气，并拒绝上学，拒绝参加高考。心理医生诊断为考试焦虑。

焦虑是可突然性发作的，青少年过度的焦虑是学习和考试的大敌。它会直接分散注意力还会使记忆力衰减等等，这些不良现象集中在一起会引起自我认知的偏差，还会导致自我怀疑，最终对学习失去信心。甚至还会出现一些生理反应，如失眠、多梦、神经性倒胃等。

根据不同的情况青少年会产生各种不同的焦虑心理。具体表现如下：

1. 青少年因为人际交往产生的焦虑。青少年对人际关系的认识是具有生物学色彩。人际交往指在群体中因交往而构成的相互依存和相互联系的社会关系，属于社会学的范畴。因为青少年没有社交经验无法适应各种人际关系（如与老师、同学、朋友等）而引起的焦虑。

2. 青少年由于生理不成熟而产生的焦虑。青少年因为自身的生理发展不适应而引起的焦虑。如对"初来月经"、"偶尔遗精"、"有手淫的坏习惯"等而产生的恐惧、羞耻的不良心理。

3. 青少年的心理发展不成熟而产生的焦虑。由于青少年自我意识的迅速发展，具有较高的成人意识，因为自身的能力有限，在各方面不能得到他人（父母、老师、同学）的认可或尊重从而产生的焦虑心理。

4. 青少年因为学习的压力而产生的焦虑。即由各种考试和竞赛而产生的焦虑心理。心理学家研究表明，目前青少年时期的心理健康方面存在的最主要问题就是"学习和考试焦虑"。

5. 来自生活的压力而产生的焦虑。有些青少年缺乏独立能力和社会适应能力。如果他们到了陌生的环境或因条件相差很大而产生的焦虑。例如到外地上学不能适应当地居住环境、饮食习惯等。

6. 由于身体状况而引起的焦虑。有些青少年由于从小身体素质就差或因为其他身体缺陷而产生的焦虑。

战胜焦虑，健康人生

青少年不管产生的哪种焦虑，都要勇敢地面对这些具有威胁性的刺激。要及时找出自己的主观感受，尽早地从焦虑的困惑中解脱出来。

1. 减轻压力，放下包袱

有效的降低考试压力是防治考试焦虑的首要措施。教师和家长应该对考生的学习能力、自觉性和心理承受能力有一个恰当的估计，改变那种"压力越大，效率越高"的错误观念。引导考生恰当地估计自己的能力，降低过高的学习目标，保持考生恰当的压力，重视学习过程而不要太计较考试结果，养成将考试当作业、作业当考试的习惯。

2. 正确的认知考试

考试焦虑是考生在想象中增加了考试的难度，导致情绪上的紊乱和行为上的异常。你们通常过低地看轻自己的能力，而高估了考试的难度，或者以偏概全或糟糕透顶，即认为考试失败会导致可怕的后果。因此，当父母和老师发现他们有考试焦虑的情绪时，一定要及时地有意识的对他们进行心理辅导，改变其不合理的思维方式，放下包袱，树立正确的考试认知。

3. 劳逸结合，有张有弛

大多数考试焦虑的原因在处理学习与休息的关系上存在缺陷，青少年在学习上投入的时间太多，且生活安排单调，不注意休息和文体活动，即使在娱乐时也在想着学习，使自己的大脑老是处于紧张状态，不能通过文体活动，达到生理与心理上的完全放松，导致神经系统的兴奋与抑制调节机能紊乱。因此，指导考生合理用脑，讲究方法，注意营养，劳逸结合，维护神经系统的正常机能，是防治考试焦虑的重要措施。

　　4. 忘掉以前的经历

　　无论你以前某一门功课学得很好，还是很差，在学习过程中你不要去想它，专心致志地把所要掌握的东西学好，把书本知识变成自己的东西。例如：你以前英语四六级考得很高，你也不必在考研学习中，总想着保持自己的水平，而不把心思用在该学的知识上。如果你以前英语很差，你也不必对自己的英语有任何担心。你可以通过定计划，改变学习方法，苦练把自己的水平真正提高上去，这样你在考试时就不会紧张害怕。

　　青少年时期有适当的焦虑可以成为激励奋发向上的动力，但是由于青少年的认识心理不太成熟，对生活中的细枝末节表现的特别敏感。因此，焦虑的心理就会以情绪障碍的方式出现。此时，青少年要正确地认识自己的焦虑，用积极向上的态度去面对它，用坚强的毅力去击碎它，从而使自己健康快乐地学习和生活。

　　青少年由于缺乏经验和良好的心理素质，面临各种焦虑感到惊慌失措，最后却搞得一败涂地、无法收场。其实有焦虑心理的青少年，不要随意去空想事情的缘由，要积极主动、脚踏实地向好的方向发展，希望事情有一个好的结果，这样就会减轻或消除焦虑心理。

4. 克服自卑心理

　　所谓自卑，是对自己的评价偏低、觉得自己无能，而内心经常有自怨自艾、悲观失望等情绪产生的消极心理。这种心理是对自己缺乏正确的认识，是青少年在交往过程中时常缺乏的自信心，在办事时没有胆量，总是畏首畏尾或随声附和，自己没有一点主见，一旦遇到错误或是有些事情没有做好就以为是自己不好而造成的。这种自卑的心理会导致他们在生活中失去交往的勇气和信心。

自卑的表现是自己瞧不起自己,是一种消极的情绪表现,是对个人能力和品质的评价过低的表现。产生自卑心理是青少年时期常见的心理表现。实践表明那些有强烈自卑感的青少年是很难坚持学好的,有的甚至自暴自弃,破罐破摔,悲观失望,对生活、前途、学业彻底的失去信心,甚至走向轻生或犯罪的道路。所以青少年战胜自卑心理是非常重要的。

自卑心理——性格的一种缺陷

自卑是有害青少年身心健康最重要的心理问题之一,它是性格上的一种缺陷。它的表现是对个人的能力评价过低,总觉得这也不如别人,那也不如别人,而造成青少年从心理上产生胆怯、忧伤、失望的情绪。

小琳因为在初中时学习及行为习惯较差,所以原学校拒绝收她在本校就读高中,后来经过父母委托关系,转进了别的学校读高中。但在入学考试时她的成绩在全班倒数第一,因此,她整天愁眉苦脸,思想负担压得她几乎喘不过气。班主任曾多次找她谈话,才了解到小琳是因为自己的成绩差,而且在以前的学校"名声"又不好,总担心在班上的其他同学看不起,还担心将来别人都考上如愿的大学而自己却考不上。为此,她整天抬不起头,上课也不专心听讲,发言也不积极,和同学相处也很被动,所以同学们都很疏远她并认为她不善于交往。小琳整天沉默寡言,甚至有辍学的想法,她经常跟父母说"不想上学了!""读书没意思!"这一点令家长大伤脑筋。

小琳就是一个典型自卑者,由于她的自卑使她背负了相当重的精神负担,从而把自己压得喘不过气来,导致了厌学的情绪。

如果一个人的自尊得不到满足，那么他就不能恰如其分地展现自己的特长，此时就容易产生自卑心理。青少年产生自卑心理后，往往从怀疑自己的能力，到不能表现自己的能力而开始自闭。本来有些事情经过努力便可以做到的，但他们总认为"我做不到"而放弃追求。迷惘的他们始终看不到人生的精彩和希望，始终体验不到生活的乐趣，也不敢去憧憬那美好的明天。

一般引起青少年的自卑心理主要原因有以下几方面：

1. 自我认识不足，过低评估自己

每个人总是以他人为镜来认识自己，如果他人对自己的评价过低，特别是较有权威的人的评价，就会影响对自己的认识，从而过低评价自己，产生自卑心理。对自我形象不认同，觉得自己长的不好，或者是对自己能力的怀疑。自己没有赢得别人尊重的本钱，于是产生了极强的失落感，原有的优越感一下子就变成了自卑感。

2. 家庭经济因素

部分青少年由于出身贫寒，生活困难，与别人相比，觉得自己家庭经济条件实在太差而感到自卑。目前，由于这方面引起自卑的青少年学生有增加的趋势。

3. 与成长经历特别是童年经历有关

人的一生不说漫长也不能说太短，但真正对人产生深刻影响的关键时期就那么几个，其中童年经历的影响尤深。心理科学的研究已证实，不少心理问题都可在早期生活中找到症结，自卑作为一种消极的心态也不例外。

4. 个人的性格特点，意志品质

气质忧郁、性格内向者大都对事物的感受性强，对事物带来的消极后果有放大趋向，而且不容易将其消极体验及时宣泄和排解。因而外界因素对他们心理的影响往往要比对其他气质、性格类型者的影响大，产生自卑的可能性也相应增大。而意志品质表现为自觉性、果断性和自制力的学生在其上进心、自尊心受到压抑时，不是变得自卑，而是激起更强烈的自尊，及时调整自己的行动，以更大的干劲冲破压抑，努力拼出一条成功之路来。但有自卑心理的学生则正好相反，在经过一番努力后尚无效果，便会泄气，认为自己不行，于是变得自卑起来。

克服自卑，超越自我

实践证明，那些有强烈自卑感的青少年是很难在学习上取得好成绩的，个别的甚至会自暴自弃、悲观失望、破罐破摔，对生活前途、学业失去信心，走上轻生或者犯罪的道路，所以战胜自卑心理对青少年来说是极为重要的。

那么，正在困惑的青少年如何战胜自卑呢？

一、自我满足，消除自卑心理。

青少年的心理比较敏感脆弱，经不起困难和挫折的打击。一旦遭受挫折，就很容易变的堕落并产生自卑感。因此，青少年做事时不要有过高的要求，要做到善于满足自我，在生活和学习上，目标不要定得过高，这样既避免了挫折的发生又容易达到目标。

二、提高自我评价，远离自卑心理

一般自卑的青少年比较注重别人对他的低估评价，不愿接受别人对自己的高估评价。总是喜欢拿自己的短处与别人的长处相比，这样越比越觉得自己差，越比越泄气，自然在心理上就产生了自卑感。其实，每个人都各有优缺点。因此，有自卑心理的青少年，要正视自己的优点，经常回忆自己经过不懈的努力而达到目标的成功的事例，还要善于发现自己的优点，肯定自己的学习成绩，来激发自己的自信心。

三、面对挫折，走出自卑的阴影

青少年产生自卑心理有一方面是因为防御机制不够健全。因此，当他们遭受挫折和失败时，不要怨天尤人，也不要轻视自我，要从生活环境与客观条件来分析原因，这样既可以找到心理平衡，还可以发现有好多的机会在你的面前。

四、克服性格孤僻，恢复自信

青少年要想克服孤僻心理的障碍，关键就是思想上的转变。不要只看到自己的优点和长处，不要对同学要求太严，认为自己在某一方面有一技之长而看不起别人。对于怪僻的人，首先要做的是努力改变自己的生活习惯，让自己变成一个受欢迎的人，从而恢复自己的自信。

总之，青少年在克服自卑时，要认清自己的优点和缺点，要正确全面地评价自己的能力，既不为长处沾沾自喜，也不笼罩在自己的短处里而顾影自怜。要积极的发现自身的优势，扬长避短，并充分发挥自身的潜能，再次成为生活中的"常胜将军"。

自卑的心理人人都会有，随时可以发生在任何受挫和失败中，然而这种潜隐的意识流却在严重地阻挠着青少年心智的健康发展，因为当青少年感到自己不如别人时，就埋下了自卑的种子，他将不再努力了。因此，自卑心理一定要克服。

5. 克服冲动心理

在生理学上，冲动是指神经受到刺激后产生的兴奋反应。冲动是最无力的情绪，也是最具破坏性的情绪，也就是说理性弱于情绪的心理现象。冲动是来源于自我保护的一种心理补偿。

一般青少年的情绪特征是以冲动和爆发为主的，这就叫做边界性格紊乱的心理疾病。青少年常常会遇到很多不称心的事情。例如：学习时受到外界干扰，珍爱的物品被别人损坏或自尊心受到伤害等，这些都容易使其发火。有些青少年与人相处时往往因为一言不合就火冒三丈。在情绪冲动时做出使自己后悔不已的事情来。所以，经常发火对人对己都是不利的。因此，青少年们应该采取一些积极有效的措施来控制自己冲动的情绪。

冲动心理，酿成大错

有关专家说"冲动的行为对于青少年来说总是有特殊的意义，"青少年时期迈向成熟的过渡时期，你们的情绪和感情都极不稳定。因为你们不善于控制情绪，因此，而深受其害。比如，有时因不值得一提的小事而极度悲伤或大发脾气，有时因为成绩不理想而沮丧。还有的青少年们常常被悲观、忧郁、孤独、紧张等不良情绪所困扰，导致对学习缺乏主动性和自觉性；甚至有的青少年因为成绩不好或学习压力重，就跳楼自杀。由此可见，自身的情绪控制非常重要。

实践证明，调节自己的情绪最好的办法是先把你认为恼火的事搁在一边。等你冷静下来后，再去处理它们。其实，一个人的情商高低，是体现在自身情绪控制的成败上。发脾气是值得赞扬的，如果你能把握住在适当的场合理智地发脾气，那也是非常明智的做法。因此，控制情绪不只是简单的抑制，而是在自我教育、自我评价和自我调节中进取的。

珠海市某中学初二学生小可，今年16岁，他在家中是独生子，长这么大以来他一直是家长眼中的乖孩子。最近，小可突然发现自己变得脾气暴躁起来，有时因冲动还与其他同学吵架，事后仔细想想都是鸡毛蒜皮的小事，根本就不必要小题大做。在家里他也经常与父母怄气，有时父母批评他几句，他就暴跳如雷、大动肝火，把父母气得直跺脚，但是也无可奈何。小可为自己的脾气感到很苦恼，他知道自己不对，可是事情一旦发生了，他又控制不住自己的情绪，过后又十分后悔。

有一天，同桌借了小可的一支钢笔，但是因不小心把笔弄坏了，小可很生气，虽然同桌诚恳地向他道歉了，但是小可还是当众把同桌骂了一顿，这一举动严重影响了他们之间的友谊，而且，小可的形象在其他同学眼中也大受损伤。小可为此事内疚了好久，他真的搞不懂自己现在怎么那么的冲动。

上面例中的小可就是因为情绪冲动，一而再再而三地犯错，最终犯下不可弥补的过错。

控制冲动，做情感的主人

每个人在一生中都会产生情感冲动，如遇到成功时感到欣喜若狂，遇到打击时过于颓废和哀伤，对待不满的暴躁和愤怒，对待失败时的焦躁不安，这些都是一些情感冲动心理。当然也有些冲动是有益的如对敌的勇敢等。但大多数情况下对人是不利的，它是一个人修养薄弱、情感脆弱的表现。冲动是人类进行心理改造的最基本对象。

那么，爱冲动的青少年应采取什么样的积极有效的方法来控制自己冲动的情绪呢？

1. 理智地控制自己的情绪

用理智和意志来控制情绪，表面上是对自己的自由约束，其实，这种约束却能使你获得更多的自由。你们在遇到强烈的情绪刺激时，要强迫自己冷静下来，并快速分析事情的前因后果，然后，采取消除冲动情绪的"缓兵之计"，用理智战胜情绪上的困扰，正确评价自己，这不仅看到了自己的优势，也看到了自己的不足；进而使自己远离冲动、鲁莽的局面。因此，在某种意义上，你们如果能够理智地控制自己的情绪也意味着主宰了自己的命运。

2. 用暗示、转移注意法

如果你们遇到了使自己生气的事,一般都触动了自己的自尊和利益,此时是很难冷静下来的,所以,如果你发现自己的情绪非常激动、难以控制时,可以采取暗示或转移注意力的方法来做自我放松,并鼓励自己克制冲动的情绪。坚信冲动并不能解决问题,要锻炼自制力,学会用转移注意力或暗示的方法来处理问题。

3. 培养沟通的能力

在你不生气的时候,去和那些经常受你气的人谈谈心。听听彼此间最容易使对方发怒的事情,然后,想一个好的沟通方式,注意控制自己的情绪不让自己生气。你可以出去散散步来缓和自己的情绪,这样保持一个平衡的心态你就不会继续用毫无意义的怒气来虐待自己了。

4. 让自己冷静下来

在遇到冲突和不顺心的事时,最好不要去逃避问题,要学会掌握一些处理矛盾的方法。你可以考虑一下事情的前因后果,弄明白发生冲突的原因,双方分歧的关键在哪,然后,进行冷静的分析并找出一个切实可行的方法。例如:当你被别人无聊地讽刺或嘲笑时,如果你顿显暴怒,反唇相讥,就会引起双方的强烈争执,最终可能会出现于事无补的后果。此时,如果你冷静下来,采取一些有效的对策,如用沉默来抵挡抗议或者指责对方无聊,这样就会有效地抵御或避免冲动的情绪产生。

5. 多参加户外运动

心理学家研究表明，运动是有效解决愤怒的方法，特别是户外活动。青少年时期正是年轻力壮的时候，要主动参加一些消耗体力的户外运动，例如：登山、游泳、跑步或拳击等，使那些不良的情绪得以宣泄。如果你觉得自己的情绪无法控制时，可以主动做一些户外运动，让冲动的情绪随着运动一起消失。

人应该是理智的奴隶、情感的主人。一个人如果简单地为情感所左右，就等于否认了自身应具有的理智价值。我们对待冲动，一方面要节制自己的奢望，要创造条件满足自己的合理需求；一方面要加强自我修养，自觉地接受社会控制。

6. 克服紧张心理

紧张是人体在精神及肉体两方面对外界事物反应的加强。紧张的程度常与生活变化的大小成比例。紧张使人睡眠不安，思考力及注意力不能集中，头痛，心悸，腹背疼痛，疲累。紧张其实每个人都有，只是紧张的程度不同而已。普通的紧张都是暂时性的。突发性的紧张是一种恐惧感。

当今社会是一个竞争激烈、快节奏、高效率的社会，这就不可避免地给人带来许多紧张和压力。人们需要适度的精神紧张，因为这是人们解决问题的必要条件。但是，过度的精神紧张，不仅不利于问题的解决，还会有损身体健康。因此，要克服紧张的心理，设法把自己从紧张的情绪中解脱出来。

紧张——心理上的缺陷

随着社会的进步，高科技突飞猛进的发展，人们的生活节奏日趋加快，社会竞争越来越激烈。优者生存，劣者淘汰使得人们面对不断变迁的事物时常出现不知所措的紧张心理。这是社会文明的必然产物，但又是适应社会和环境不得不克服的心理状态。

许某生长在一个中等家庭，是独生女。爸爸在十年前左右为了经商，离家到远地，忽然断了音信，不知下落。家里留下母亲与她两个人，靠母亲工作，维持家计。于是当她高中毕业以后，由于人长得漂亮，经人介绍到某个公司做事，一般谈吐很清楚，性格有点内向，个性很爽直，但是只要一见主管就会不由自主的紧张起来，而且手也抖得很厉害。

可见，许某各方面都很好，但过度的紧张心理却是一种缺陷。心理学家认为，紧张是一种有效的反应方式，是应付外界刺激和困难的一种准备。有了这种准备，便可产生应付瞬息万变的力量。因此紧张并不全是坏事。然而，持续的紧张状态，则能严重扰乱肌体内部的平衡，并导致疾病。所以，我们应该学会自我克服紧张心理。

树立信心，克服紧张

由于自我意识的存在，你们这时是非常关注自己在他人眼中的形象的，在这种情况下与人交往，自然免不了紧张、不安和担心等情绪反应。那如何克服这种紧张的心理呢？

1. 正确估计自己，树立自信心

在日常学习和生活中应多考虑我要怎么做，要如何进取，在各种社交场合，应顺其自然地表现自己，不要总考虑别人怎么看待自己，自己要怎么迎合别人。

2. 保持良好的精神状态和身体状态。精神要尽量放松，对面临事物有恐惧感的人往往吃不下，睡不着，惶惶不可终日，对其身心健康危害极大，为防止这种现象的发生，应该在思想上不过分夸大事物与个人前途得失的关系。另外，要保持良好的身体状况，不要过分疲劳，大脑过度劳累会造成头昏耳鸣，兴奋与抑制过程失调，神经活动机能减退，加剧心理紧张程度。

3. 转移法。当你和别人在一起时，可以握一件东西，如一只笔，一个玩具或一只杯子等，握住这些可以产生一种较舒服和安全的心理效应，从而有助于消除紧张和羞怯感。

4. 正确看待自己。你们应客观地认识自己和评价自己的能力，把握好自己的方位和坐标，看准机遇，发挥自己的作用，并不断在快节奏中提高自己的心理承受能力，在各种事件中基本保持心理平衡。尤其是在学习中不要过分注意自己的弱点，多想自己的长处。

5. 真诚相处。在与别人交往中，应真诚坦荡，与人为善。虚伪不仅使人厌倦，而且自己也会因此而有不安全感，如不自觉地猜想别人会不会得知真相，猜想别人是否在背后议论自己，并为此惶惶不安，导致关系紧张。

6. 转移注意力。遇到紧张的情况时，深呼吸，转移注意力，尽量想象轻松的事情，如听音乐，笑话，想自己能力能及的事情，这样不仅能去除烦恼，提高情绪，而且还能促进甲状腺的分泌。

7. 升华法。紧张的情绪也可予以升华，转用于学习或工作中。当情绪突然紧张起来时，往往精力特别集中，有可能把事情做得更好。而随着任务的顺利完成，内在的紧张也得以渐渐消失。

8. 适当安排计划。若所拟的学习计划不符合实际，便会受到挫折而引起情绪紧张。有的心理学家建议，在预订学习进度表中，可安排一小段"真空时间"。在这段时间，完全"真空"不预先安排任何事情。每次到这段时间时，可利用它来完成先前未能做完的事情，或是着手下一步计划。这样既有助于完成计划又能感觉到自己能支配自己的学习，内心较为轻松。

9. 保持情绪稳定。对突如其来的事物和一些和自己关系重大的事情，你们开始面临它们时，生理上会发生急剧变化，心跳加快，呼吸急促，两手发抖，手心冒汗，这是由于过分焦虑和恐惧引起的。这种过度紧张，使脑神经活动的兴奋与抑制丧失平衡，从而出现难以控制的心慌、不安、紧张，使思维处于抑制状态。其实，适度的紧张对人是有一定益处的，它可以进一步调动人体的各种机能，使思维更加活泼，产生一种增力作用。

因此，在出现过度紧张时，首先要树立信心，相信自己是完全可以战胜的。进而采取做深呼吸或默默数数的方法，以此来转移注意，稳定情绪。

只要你们对面临的事物有充分的思想准备和了解，对自己有正确的估计，保持精神松弛，保持良好的身体状态，以及保持稳定的情绪，就可以克服紧张心理，以使自己处于最佳的临场状态。

7. 克服抑郁心理

抑郁是主体的需要未能满足又觉得无力改变现状、无力应付外界压力而产生的一种消极情绪，常伴有厌恶、痛苦、羞愧、自卑等情绪体验。对大多数人来说，抑郁只是偶尔出现，为时短暂，时过境迁，很快会消失。但也有少数人长期处于抑郁状态，甚至导致抑郁症。性格内向孤僻、多疑多虑、不爱交际、生活中遭遇意外的挫折、长期努力得不到报偿的人更容易陷入抑郁状态。

抑郁是长时间的心情低落状态，多半是因为焦虑、身体不舒服和睡眠不足等障碍造成的，这种现象具有较强的隐蔽性。这是最常见，同样也是最不容易识别的心理障碍。它主要表现是绝望、悲观、烦躁、不良的饮食习惯、失眠、兴趣减少或注意力分散等。

抑郁心理——青少年的心理障碍

抑郁是一种不愉快的心境体验。青少年朋友们抑郁障碍主要是以抑郁情绪为核心，伴有相应的思维改变。主要是因为在学校通过发生些矛盾而感到环境压抑，常常因此而心烦意乱、郁郁寡欢，有时逃学还要求调换学校等，你们对自己喜欢的事情失去兴趣，情绪低落，思维活动迟缓、行为和动作迟缓，上课不专心听讲，常常因疲劳而失眠、头晕胸闷不愿与父母或其他人交流，情绪严重者有时还会有自杀的意识和行为。例如：上课时注意力不集中、思想矛盾或缓慢、行为反应迟钝或激烈、缺乏自信等。抑郁心境是指在长时间内所体验到的占优势地位的一种抑郁情绪或抑郁心情。然而，这种隐形的抑郁是反复或持续的出现身体不适和神经失调等症状，时常出现头痛、头晕、腹痛、胸闷、无欲望等抑郁症状，抑郁症是一种较持久忧伤情绪体验，它往往被躯体症状所掩盖。

小申有点内向，总觉得自己什么都不行，事情做不好，是别人的麻烦；觉得自己很笨，书读得不好，觉得自己对不起父母；喜欢的人不能对其表达，经常因为一句话一点小事就想到很多不开心。没有信心，自卑感太严重，觉得别人不关心他，甚至有了自杀的想法，并且已经下决心如果在一个已定时间内没做到自己想要达到的目标就死。

据调查研究显示：青少年们的患病率直线上升。其中有 1/5 的青少年朋友都有情绪障碍，大多都是以抑郁为主。有关资料明确显示，青少年时期的抑郁患病率是 0.4%～8.3%，而且，男女生之间的比例为 1∶2。其发病率的原因是由遗传因素、青春期的生理变化、认知能力及社会文化因素有关。

你们的抑郁心理表现：

1. 不断的更换环境。你们可能在学校里发生过一些矛盾，使有抑郁心理的你们感到所在环境有沉重的压力，经常心烦意乱使其不能安心学习，迫切让家长为其调换班级和学校。当到了一个新的学习环境时，其心态还是与以前一样没有好转，还认为新环境里的一切都不尽人如意，因此，就反复地要求更换环境。

2. 长期的情绪忧郁或低落。有些青少年朋友们遭受挫折或失败时，不能从困难中崛起而长时间的情绪抑郁或低落持续在二周以上，这些不良反应都是青少年时期抑郁心境的重要表现。

3. 前途渺茫。你们面对一帆风顺达到的目标和理想，而没有欢快的心情，反而感到忧伤和痛苦。例如：你们为考名牌大学而愁眉苦脸等。

4. 缺乏精力。你们因为缺乏精力，而导致自己的认知能力或感知能力减退，使自己在学习、生活及社交中的效率明显下降。

5. 不正常的心理暗示。如有些青少年们一到学校或教室就会感觉头晕、恶心、四肢无力等，只要离开这个特定的环境，一切就会正常。这种表现都是潜意识的不良心理。

6. 不能表达内心的情感。你们在高兴、欢乐、悲哀、愤怒及恐惧认识上，不能正常地向别人表达心中的愉快和不满，尤其是不能用表情表达出来。这种行为就是情感或情绪的表达障碍。

7. 反抗父母。你们因为父母的管教过严，处处与父母闹对立。例如：不整理自己的房间，衣鞋乱扔，不按时完成作业等。较严重的夜不归宿、离家出走等。

克服抑郁，磨炼自我

情绪抑郁的主要表现是：情绪低落，思维迟缓，郁郁寡欢，闷闷不乐，兴趣丧失，缺乏活力，反应迟钝，干什么都打不起精神，不愿参加社交，故意回避熟人，对生活缺乏信心，体验不到生活的快乐，并伴有食欲减退、失眠等。可见，抑郁心理严重地影响了你们的健康成长。那么，有抑郁心理的青少年应如何克服呢？

1. 学会正确地发泄。有抑郁心理的你们可以把心中不愉快的事向父母或知心朋友诉说，不要把它存放在心理，这对你身心健康是极不利的。如果你的内心非常的难受而身边又没有诉说时，可以把自己关在房间里大哭一场或记日记等。这些都有助于你消除抑郁心理。

2. 多结交朋友。经常和朋友保持联系的人，精神状态远比喜欢孤僻的人好得多，因为一个人生活如果在集体中，就感到集体的力量，这样不仅可以增强自信心，还能减轻情绪上抑郁。

3. 保持友善的心态、学会自我安慰。拥有一个快乐的心态能使人的神经系统的兴奋水平到达最佳状态。所以，有抑郁心理的青少年朋友们在遇到不愉快的事时，要多往好的方面想想，用一个乐观的心态去面对一切，保持豁达、乐观的情怀。不要好高骛远，勇敢地面对现实。

4. 积极参加运动。体育活动能够使生活丰富多彩，以清除心理紧张，陶冶情操，开阔心胸。所以，有抑郁心理的青少年每天应适当地做些力所能及的运动，比如慢跑、散步、踢毽、体操等，这些都有助于你排解阴霾的心情。所以，适当的体育运动不仅有助于你们的身体健康，而且还会使情绪乐观、稳定。

5. 吃一些对抗抑郁的食物。如：深水鱼、葡萄柚、菠菜、樱桃、全麦面包等等。

6. 享受美妙的音乐。当你心情烦闷时，听些自己喜欢的音乐和歌曲，在优美的音乐旋律中不仅能帮你减轻疲劳，还能给你带来不可思议的美妙感受。

7. 克制自己。有抑郁心理的青少年朋友们要学会容忍和包容，并磨炼自己坚强的意志力。因此，你可以通过自己的意志力来消除心中不愉快的情绪，并保持一个乐观向上的积极情绪。改变认知，完善自身的人格，增强面对困难和挫折的能力与自信。只有这样，才能达到根治的目的。

长期的抑郁会使人的身心受到严重损害，使人无法有效地学习、工作和生活。要避免抑郁或从抑郁中解脱出来，就需要正确地评价自己，看清自己的长处，建立自尊，增强自信；调整认知方式，多注意事物的光明面；扩大人际交往，多与人沟通，多交朋友。

8. 克服浮躁心理

在青少年们的心灵深处，总有一种力量使自己茫然不安，让你们无法宁静，这种力量叫浮躁。浮躁就是心浮气躁，是成功、幸福和快乐最大的敌人。从某种意义上讲，浮躁不仅是人生最大的敌人，而且还是各种心理疾病的根源，它的表现形式呈现多样性，已渗透到你们的日常生活和学习中。可以这样说，你们的青春是同浮躁斗争的青春。

浮躁是指轻浮、做事没有恒心、见异思迁、心绪不宁总想不劳而获，浮躁是一种病态心理表现，青少年时期是一个人从不成熟走向成熟的过渡期，这是个朝气蓬勃、充满活力的个性发展时期，这一时期同时也面临着多种危机。

浮躁——一种心理通病

浮躁是一种情绪表现，更是一种不可取代的生活态度。自古以来，中国的历史文化一直教人们为人处世要沉稳、含蓄、心平气和、不急不躁。浮躁现在已成为一些青少年们的心理通病之一，你们对前途盲目，对做任何事缺乏思考和计划；学习时心神不定、缺乏主动、恒心及毅力；比如，有的青少年朋友看到歌星能挣大钱，就盲目地想当歌星；看到著名的作家，又想当作家，就这样整天浮想联翩，但又不愿付出行动。还有的青少年朋友爱好转换太快，不管做什么事都忽冷忽热的，今天学弹琴，明天学古筝，三天打鱼两天晒网，最终一事无成。

在茂密的树林里，有两只小鸟，一只叫麻雀、一只叫啄木鸟。它们俩在树林里寻找食物。麻雀站在树枝上"叽叽喳喳"地叫个不停，它从这棵树上飞到那棵树上，东瞅瞅、西看看，一条虫子也没有找到，饿的在树上直发慌。而聪明的啄木鸟默默无言地跟在喜鹊的后面，一旦发现树有病了，就停下来专心致志地寻找，直到找到虫子为止。

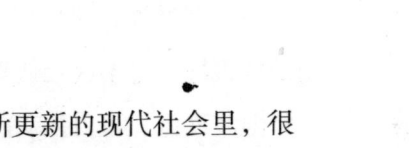

最后，麻雀因为浮躁饿了肚皮，啄木鸟因为认真、专一有了收获。

现有好多青少年朋友们像麻雀那样，好急功近利，最终却一无所获。

你们产生浮躁心理的原因如下：

1. 由于家庭环境产生的原因。在社会不断更新的现代社会里，很多父母都处于矛盾甚至无法适应状态。于是，就表现出心神不定、急功近利等急躁的心态，这种不良心理往往直接影响到子女们的身心健康。

2. 你们对自己的期望值过高，在班级激烈竞争的氛围中，心中定的目标不是太明确。于是就容易出现心神不宁、迫不及待、烦躁不安。

3. 遗传基因的缘故。有关心理学家研究表明，性格好强而头脑不灵活的青少年容易产生急躁、沉不住气，做事好冲动，注意力不集中。

4. 从自身表现来看。一般攀比心理也是产生浮躁心理的直接原因。有句俗话说"人比人，气死人"。在心理上经常和别的同学攀比，造成对学习环境不适应，对自己现有的状态不满足，于是浮躁的心理就油然而生。

5. 有时你们却忽视了对自己灌输文化知识，自身的道德品质及意志的培养，因而造成你们在学习的过程中怕苦怕累，做事急于求成，缺乏应有的恒心与意志。

战胜浮躁——走向成功的阶梯

历史上著名音乐家傅聪在英国留学时，有一段时间感到莫名的烦躁，始终静不下心来学习。他的父亲得知情况后，给他写了一封信，信中有这样一句话："要经得住外界花花绿绿的诱惑，要沉下心来，坐得住冷板凳，才能保证心灵的畅通无阻，才能让知识记在内心，印在脑海。"

如今，你们的浮躁心理是一种情绪冲动和盲目相交的心理病态，这种现象与艰苦学习、脚踏实地、励精图治、公平竞争是刚好相反的。青少年有浮躁心理是一种不健康的表现，这对你们的身心健康有很大的危害性。它不仅会使青少年失去对自我的明确定位，还容易让青少年随波逐流、盲目行动。因为它可能导致你们为了侥幸成功而铤而走险，最终，掉进犯罪的深渊。因此，对此表现必须给予及时的克服。

1. 你们在攀比时一定要做到知己知彼。俗话说："有比较才有鉴别"，比较就是人们获得自我认识的重要方式，然而比较要到"知己知彼"，只有"知己知彼"了才能清楚自己的优势和短处。

2. 青少年朋友们要以"实事求是，不自以为是"为目的，这是为今后的革新求变打基础的。

3. 调节好你自己的心理状态。当心情不好或为学习而烦躁时，可以放一曲优美、舒缓的音乐，来减轻心理上的负担，等心情平静下来了，就可以全身地投入到学习中。这样，就会心无杂念、专注学习，慢慢地浮躁的心理自然就会消失。

4. 当你遇事时要善于思考。考虑问题时要从现实情况出发，最好不要跟着感觉走，目标要切合实际，在实践的过程中要有坚强的意志，从而走向成功的阶梯。

付出努力不一定就会收获结果，关键是过程。总之一句话，人无贪心就不会浮躁，踏实地走过一生，不要总羡慕那些所谓比自己成功的人，不要拾起芝麻丢了西瓜。

9. 克服抱怨心理

人们在遇到挫折的时候，似乎已经习惯性要去抱怨上天对他的不公。很少有人会想到，与其在旁边抱怨，不如想想如何摆脱这样的困境。我们要学会接受失去的事实，学会感恩，感恩上天并没有让你失去一切。不管人生有怎样的得与失，也总是得让自己的生活充满光彩，而不是在为过去的事抱怨、难过，一味地抱怨、难过只会让你在原地踏步，解决不了任何问题。

生活中，上帝是公平的，给谁的也不多，给谁的也不会少。当一个人开始产生抱怨心理的时候，完全是在跟自己过不去。这世上没有谁比谁差多少，没有翻不过的山，没有过不去的坎儿，只要不抱怨，认真地想解决问题的办法，拥有一颗平衡的心，勇敢地面对自己，面对自己的内心，面对自己的人生，那么，就一定会活得很精彩。

抱怨只会让人原地踏步

现实生活中，每个人的内心或多或少的都会有一些不平衡的心理。别人有漂亮的衣服，自己没有；别人有新款的手机，自己没有；别人有一个有钱的爸爸……这些不平衡的心理会驱使着你去追求新的平衡。

有些人在追求新的平衡中，能不昧良知、不损害别人，自觉接受道德的约束和限制，通过正当的努力、奋斗去实现人生的自我价值，达到一种新的平衡，这也是值得称道和庆幸的。而有一些人却一味地怨天尤人，自己不但不努力，而且不择手段，甚至做出一些让人发指的事，这种人就是很危险的了。所以，我们要学会调整自己，走出抱怨的误区，让自己始终保持一种平衡的心态。

一位年轻的农夫，划着小船，到另一个村子的居民家运送自家的产品。那天的天气酷热难耐，农夫汗流浃背，苦不堪言。他心急火燎地划着小船，希望赶紧完成这趟运送任务，以便在天黑之前能返回家中。就在这时，农夫突然发现，前面有一只小船，沿河而下，迎面向自己快速驶来。眼看两只船就要撞上了，但那只船并没有丝毫避让的意思，似乎是有意要撞翻农夫的小船。

于是，农夫大声地向对面的船吼叫道："让开，快点让开！你这个白痴！再不让开你就要撞上我了。"无论农夫怎么吼叫都没有用，农夫手忙脚乱地企图让开水道，但这时已经晚了，那只船还是重重地撞上了他的船。农夫被激怒了，他厉声斥责道："你会不会驾船，这么宽的河面，你竟然撞到了我的船上。"当农夫怒目审视对方小船时，他吃惊地发现，小船上空无一人。听他大呼小叫、厉声斥骂的只是一只挣脱了绳索、顺河漂流的空船。

在大多数情况下，当你责难、怒吼的时候，往往是徒劳无益、于事无补的，也许你那位听众只是一只空船。那个一再惹怒你的人，绝不会因为你的斥责而改变他的航向。

其实，你们绝大多数人都曾有这样的经历。一件事情、一个人就能令你们长时间地烦恼，使你们沉浸于懊恼和悲伤中不能自拔。特别是当那个令你们烦恼的人还是一个不会体谅别人，不懂领情，不会自醒的人的时候，情况就会更加糟糕。

当然，你完全不必转而去讨好别人，也没必要和别人达成一致意见，甚至你继续厌烦别人也无妨。但你一定要清楚，不能让别人制造的麻烦转变成你的烦恼。无论你为此多么愤怒，他不会为你而失眠。如果因为他的过错而使你陷入无尽的烦闷悲伤之中，你就成了唯一受到伤害的人，而且，是你自己在强化这种伤害的深度和长度。

拥有一颗平衡心，远离抱怨

在这个世界上，并不是每个人整天都是无忧无虑的，但在每个人的眼里都会认为别人要比自己快乐。一个国际研究组织曾对25个经济发达国家进行了一项"你是否每天都感到快乐"的调查显示，60%以上的人的回答是否定的。其中20%的人认为自己"每天都不快乐"，60%的人常常生活在抱怨中。

为什么一定要抱怨生活呢？想一想，你们是否曾迫不及待地收下它恩赐给自己的一切，但当它变得不再轻松的时候就立刻抱怨它。生活本身就是由辛、酸、苦、辣、甜五味组成，当品尝过它的甜美后，你就将不得不再去品尝一下它的辛、酸、苦、辣。甜美的日子固然让人高兴，但如果生活中只有甜，那么甜美的味道自然就感觉不到了。辛酸苦辣的味道固然不佳，却能让你意志坚强，思想更加成熟。所以，有时辛酸与苦辣也是一种上天恩赐给我们的礼物。

抱怨的人之所以活得太累，就是因为自己只看到自己的付出，而没有看到自己的收获；而不抱怨的人即使真的很累，也不会埋怨生活，因为他们知道，有得就有失，有失就有得，一想到自己获得了那么多，他就会感到高兴。

没有任何一种生活是完美的，也没有一种生活会让一个人完全满意，你们做不到从不抱怨，但你们应该减少自己的抱怨，并用积极的心态去努力进取。因为如果抱怨成了一个人的习惯，就像搬起石头砸自己的脚，于人无益，于己不利，生活就成了牢笼一般，处处不顺，处处不满；反之，则会明白，自由的生活着，其实本身就是最大的幸福，哪有那么多事可抱怨的呢？

抱怨不如改变，只要你改变一下自己的心态，你将会发现生活竟是如此的美好，甚至还会给你带来意想不到的收获。比如，你在一个令你自己不太满意的学校学习，如果你整天在抱怨中度过，那么你也得不到什么。也许得到是老师的不理解，但你改变一下自己的心态，在这个学校学习，那么你得到的是学习的机会，或者是同学们的友情。

所以，就不要再抱怨生活了，那么生活中的一切都不会让你抱怨。要知道，一味地抱怨不但于事无补，有时还会使事情变得更糟。所以，不管现实怎样，你们都不要抱怨，要靠自己的努力改变不满的现状，并获取幸福。

大海如果失去了巨浪的波动，就失去了雄浑；沙漠如果失去了飞沙的狂舞，就失去了壮观；人生如果只为求得两点一线似的一帆风顺，那么，生命了也就失去了应有的魅力。不要再抱怨生活的不公了，它只会成为挡在前进路上的巨石，成为思想的牢笼。

第二节 塑造健康心理

1. 提高自我控制能力

自我控制能力是控制自己、支配自己的行动,并自觉调节自己行为的能力。它主要表现为个人对自己行为的监督和调节。随着年龄的增长、思维的发展,青少年的自我控制能力有了很大的发展。但由于思维的抽象逻辑水平还比较低,缺乏社会经验,意志力还很薄弱,青少年的自我控制能力较弱。

青少年如何自我控制

对于青少年朋友来说,学会自律,主要是控制自己,"控制者"和"被控制的对象"都是自我。那么,青少年为什么要学会自我控制呢?

首先,自我控制有助于实现自我与社会的同一性,人从自然人发展成社会人的过程,需要通过自我学习,逐步具备社会成员所必需的知识、技能、态度、情感和行为,使社会要求逐步内化为人的观念和行为。其次,自我控制有助于青少年实现人格的社会化。再次,自我控制有助于调节青少年内在的潜能。

如何锻炼和提高青少年的自我控制能力?

自我控制的前提是:青少年的心中有个目要不惜一切的达到,如果没有这个那一切都是空谈。人只有在为了某件自己认为值得的事情的时候才会控制自己并想办法达成，而什么都没有的人是没有必要那样做的，所以最好是帮青少年树立一个目标并鼓励他达到，在这个过程中自然而然的就学会自己控制自己了。这可以从以下三个方面来实现：

品德方面自我控制能力的培养和提高

1. 能作出正确的道德选择，树立道德理想。

理想是石，敲出星星之火；理想是火，点燃熄灭的灯；理想是灯，照亮前行的路；理想是路，引你走向黎明。理想是可以预见未来、走在生活前面并反映生活发展趋势的一种形象。它遥遥在前，指引方向，号召前进，它包含有自我控制的目标。道德理想是推动人的道德不断发展的强大动力。

青少年学生要明确自己将是国家未来社会主义事业的建设者，中国在国际竞争中正面临着严峻的挑战，你们将是中国能否在世界崛起的关键一代。你们要树立起为国家富强而拼搏的责任感。你们在复杂的生活面前做出道德选择时，可能面临严峻的思想斗争，在这时，你们要接受成人的指导，但关键还是要你们自己作出选择，因为教师、家长只能交给你们思考的钥匙。他们会让你们自己去调查、认识各种社会现象，明辨道德是非，针对现实问题和矛盾，给你们以实事求是、通情达理的答疑解难，通过有效的教育控制工程，去规范和训练你们的基础道德行为和对待社会生活的态度和方式。这样，你们就能清醒地而不是盲目地做出正确的道德选择，为今后的发展打下良好的基础。

2. 要善于激发自己自我控制、自我修养的愿望。

德育过程是一个内化的过程，表现在人的社会化过程中，按照道德标准来支配自己的行为，逐步将社会道德规范内化，构成自己的精神世界。马克思曾经说过，人来到这个世间没有带着镜子，他总是习惯于拿社会群体当作镜子来照，在他掌握了这种社会知觉的方法之后，他便把镜子挪到了自我的内部。因此，通过他人测评、自我测评与群体中互相测评，每个人都能够认识自己的素质，自己的优势素质是什么，短缺素质是什么，亟待改进的素质是什么；社会与工作需要的是什么素质，不需要的是什么素质；什么是良好的素质，什么是低劣的素质。因而会由此激发与产生改善自身素质，加强自我修养的愿望与行为。

3. 行为方面自我控制能力的培养和提高。

科学的世界观和高尚的人生观是提高自控能力的源泉和行动的指南。战胜惰性也绝不是件容易事。所以日本著名排球教练大松博文有句名言："对人来说，最苦的莫过于战胜自己"。人们总是在不断克服自己惰性中培养自控能力的，这就必须从一点一滴做起，不要瞧不起小小的胜利，高尔基说过："就是对自己的一个小小的胜利，也能使人坚强许多。"那么，青少年应怎样控制自己的行为呢？

第一，把思考和行动贯彻、联结及融洽在一起的能力。即能够顺利、自然地将自己认识理解的东西用于指导自己的实践活动，而不是当"语言的巨人，行动的矮子"。这要求个人一是能把自己思和行、知和行结合起来，沟通思想系统与行为系统，使他们相互作用、启发、参照、验证；二是经常对自己的行为进行预思和反思，总结过去，计划将来。

第二，果断抉择行为的方向，迅速改变行为方式，有效发动和制止某种行为的能力。这些也统称为统摄、控制能力。这要求个人一是建立起由宏观行为到微观行为的协调、控制能力，不要因一些不自觉的习惯性细微行为破坏总体行为；二是有一个畅通的反馈渠道，从各种行为的结果上判别它的价值优劣,并在主观上作出相应的调整。

第三,自主、自立、自助、自理能力。自主是对自己所做的一切敢负责任的精神,而自立是一种要脱离襁褓,推开拐杖,独立行走于人生大道的能力。自理包括心理的自我调节能力和日常生活中的动手能力,而自助是自主精神在物质生活领域的特殊要求。自主精神是内在潜力的催发剂,能力大都是靠后天培养的,一个人如果要在总体上提高自己的行为本领,就要在注意培养自己自主精神上下工夫。

4. 学习方面自我控制能力的培养和提高

盲从就是没有主见,是缺乏自控能力的具体表现。有些青年学生由于"意识自控能力"薄弱,不善于独立思考,是非不分,受骗上当,采取了盲目行动,造成了不良后果。因此,我们每做一种事情,都应该三思而后行。凡事一定要想了干,切不可干了再想。只有这样,才能发挥独立思考的作用,不随波逐流。因此,独立思考,三思而行是增强自控能力的关键。对待学习也是如此,要独立思考,不满足于现成的答案,要进行创造性的学习,以培养创新精神。

培养青少年自控能力

当代学者认为,未来的文盲不只是不识字的人,而且也包括没有学会如何学习、如何创造的人。青少年学生在获得自学能力的过程中,应把自己从读、背、抄、考的沉重负担里解脱出来,创造一个主动的学习环境。那么,你们在学习上应如何培养和提高自己的自我控制能力呢?

首先,激发学习动机,培养学习兴趣。

爱因斯坦说:兴趣是最好的老师。教育心理学也告诉我们,兴趣是组成学习动机的因素之一,兴趣在动机中处于中心地位,是动机的

最活跃成分。

　　培根说"知识就是力量",有了知识,才能担当起建设社会主义的重任。作为一名中学生,必须明确学习的社会意义和个人意义。学习使人获得新的知识经验,人们在获得和应用新经验时,扩展、完善着原有的认知结构,重新塑造着个性,使心理发生量和质的变化,并达到新的水平。学习兴趣使人的视野开阔,胸怀豁达,精力充沛,有力地推动学习和学习过程中的创造性活动。广泛的兴趣可以促使自己去接触和注意多方面的事物,获得广博的知识,因而使自己的智力获得多方面的发展。

　　其次,掌握科学的学习方面和自我控制的方法。青少年学生应体会到适当的预习,有助于从容不迫地听课;及时复习,明确先复习什么、后复习什么的重要性;定期小结,认真作业,才能满怀信心地考出好成绩。这样环环相扣,正确处理好学习活动中的各种矛盾。

2. 自我调节情绪

　　人最基本的情绪就是喜、怒、哀、惧,这些情绪的表现对每个人的认识、意志和个性都有非常重要的影响。所以,好的情绪可以使人乐观向上、处事果断,而且还具有丰富的创造性和灵感。然而,那些不良的情绪就会使人们产生疲劳和烦闷,对身心健康的成长极不利。所以,青少年要学会自我调节情绪,让自己快乐度过每一天。

　　情绪是自身对客观事物的一种体验和态度。在日常生活中,有些青少年整天休闲自得、快快乐乐,从不知道愁是什么滋味;而有的青少年则经常无精打采,心生自卑,总是看不起自己,因此,内心感到孤独和压抑，不愿与别人交往，整天把自己封闭起来。这些不良的情绪严重地影响了青少年的日常生活和学习，使他们的能力不能得到全面的发展。因此，青少年要想维护自己正常的生理和心理的健康，就必须学会自我调节情绪的方法和技巧。

情绪，需要理智的调节

众所周知，青少年正处于生理迅速发展的重要时期，而其心理发展相对滞后，这种身心发展的不平衡是产生各种心理冲突的根源，而这些冲突又往往是青少年情绪问题产生的主要原因之一。心理学研究也表明，任何情绪的产生主要取决于外部环境、自身的生理变化及其自身对事物的认知状况。由于青少年的心理还不够成熟，因此当他们面临一些冲击时，不可避免地会产生某些不良的情绪，如紧张、焦虑、抑郁等。这些不良情绪对人的身心伤害很大，青少年应该认识消极情绪，消除不良情绪，这将有助于自己的健康成长。

一个老婆婆，她有两个女儿，大女儿是卖伞的，另一个女儿开了一个染坊。老婆婆下雨天担心开染坊的女儿布晒不干，晴天时又怕卖雨伞的女儿没有生意。就这样她日复一日，年复一年的发愁，哭泣，把眼睛都哭瞎了。一天，来了一位智者，他对老婆婆说：你为何不换位思考一下呢？下雨天时，你卖雨伞的女儿生意一定很好；晴天时，你染布的女儿生意应该不错，你的女儿天天都有发财的机会，你应该天天高兴才对呀！老人家豁然开朗，精神也慢慢地好了起来，从此，再也不为她的两个女儿发愁了。

这个故事告诉大家，情绪、情感是可以把握和控制的，只要我们能够走出固有的守旧的思维模式，从另一方面来看待问题，就一定能保持良好的情绪，改善不良的情绪，拥有健康的自我。青少年正处于青春期，情绪更是丰富多彩，但由于他们往往不懂得如何运用和操控情绪，总是使好情绪离自己远去，坏情绪却如洪水般如影随形。时间一长，生活和学习势必会受到不良的影响，对身体也没有半点好处。所以，情绪需要疏导，需要用理智对其进行调节。

自我调节情绪，人生处处是风景

有关心理学家说：正常的情绪反应有助于提高青少年的行为适应能力，同时还具有保健功能；而那些不良的情绪反应会妨碍青少年的身心健康，并导致不良反应。因此，青少年对自己的情绪进行自我调节，以保持良好的心情和情绪状态是很有必要的。所以，青少年必须正确的认识消极情绪对健康带来的危害，然后，找一些适合自己的方法克服消极情绪，并提高自身的情绪调控能力，以一个乐观的心态面对学习和生活中遇到的各种挫折，让快乐的阳光笼罩心灵。那么青少年应如何调节自己的情绪呢？

1. 青少年要不断地改变自我

青少年有许多憧憬、美好的愿望。在他们的面前有许多增长自身能力的机会。然而，他们在享受稳定、幸福的生活时，总觉得郁闷、无趣、无精打采，这种情况下，如果能主动适当的对稳定的生活做些小的变动，就会有意想不到的新鲜感。例如：把你的卧室稍微调整一下，挂一些你比较喜欢的装饰画，或者到外面交个新朋友，换一新的爱好，你就会有与众不同的感觉。

2. 学会自我控制

自我控制是青少年在成长过程中最重要的个性品质，是衡量自身心理成熟的重要标志。所以，青少年要有坚强的意志，才能很好的控制自己的情绪，并克服不良情绪的影响。然而，自身情绪的波动直接影响着你对周围环境关系的洞察，这一点是对自身适应能力的评价，也是对自身弱点的关注。因此，青少年在平时要注意培养自己的克制力，根据自身的实际情况采取一些切实可行的方法来克制自己的情绪，并积极地采取措施进行疏导，根据自身的情况去适应生存的环境。

3. 享受生活中的乐趣

一般健康的兴趣会给人带来快乐，有关专家表明，人一般在无聊的时候最容易感到烦恼和不快乐了，而那些忙碌的人往往是生活得充实而快乐。所以，有兴趣爱好的青少年，在吸取知识的同时也满足了自己好奇心和求知欲望。有些青少年爱钻研难题，因为他们一旦征服了困难在心中就会产生满足感；而有些青少年爱看课外读物，如书刊、杂志、青年文摘等，这些广泛的阅读使他们获得广博的知识，为此他们得到了老师和同学们的赞赏和尊重。对于青少年时期的学生来说，发展一些自己喜欢的兴趣，能使自己获取更多知识，在生活中过得更充实快乐。

4. 神奇的音乐魅力

音乐是生活中的一门艺术，是一种另类的情绪情感的表现方式，那些不同曲调和节奏可以使人们产生不同的情绪体验，在抒情优美的音乐中，会觉得精神振奋，情绪饱满，信心倍增。因此，音乐治疗情绪法是最受青少年欢迎的，因为它具有良好的情绪调节功能。

5. 学会自我欣赏和安慰

没有一种惩罚比自我责备、自我懊悔更为痛苦。青少年要知道在这个世界上没有十全十美的人，但是，每个人都有特长和优点，对于往事耿耿于怀是毫无意义的，因为任何人都没有能力改变过去，重要的是吸取失败的教训，有句话说好：如果你已经错过太阳，就不要再错过星星。如果你遇到了困难和挫折，那么，你不要灰心丧气，你应该欣赏自己的能力。或许你的各方面都并不出众，但是，你的善良、勤奋和认真会让你在心理上找到的平衡。你完全有理由欣赏一下生活中真实的你,而且,你会从中找到快乐和满足。

6. 学会合理的自我发泄

情绪上的不愉快如果长期闷在心里,就会影响脑的功能或引起身心疾病,青少年消除不良情绪,最好的方法就是"宣泄"。情绪上的问题只要你把它发泄出来,心情就会舒畅、愉快。青少年要切忌把不良情绪埋藏在心里,"隐藏的忧伤如熄火之炉,能使心烧成灰烬"。如果怒气能适当地发泄出来,那么,紧张的情绪就可得到缓解,心情也会雨过天晴,雾消云散。

7. 做一个幽默大师,幽默与欢笑是情绪的最佳调节剂

青少年你们要学会保持幽默的态度,即使是在不利的环境中也依然要保持快乐的心境,因为它是给极度恶劣的情绪产生一个缓冲的过程。幽默是智慧和乐观精神的结晶,它不仅可以使人快乐,还会使人发笑,更重要的是可以驱散心中的积郁,让人以平和的心态来面对生活。所以,青少年要培养自己的幽默感,这样就会拥有更多的智慧,从而摆脱不良情绪所带来的尴尬、愤怒和烦恼。

8. 揭露大自然的奥秘

大自然的山清水秀常能震撼人的心灵,所以,当你情绪不佳时,可以去登山、看海或者走进森林,此时你就会感到心胸开阔、有超脱之感,这些奇妙的感觉都是培养良好情绪的诱导剂。

生命的意义在于过程而不是终点,追求内心的快乐和幸福也是如此。在人生的旅途上,每个人都可能碰到坎坷,遭遇失败,但是,如果你懂得保持和培养良好的情绪,就会少些忧愁与烦恼,多些开心和快乐。

3. 学会幽默心理

心理学家认为，幽默是一种积极的心理防卫机制。幽默可以维持人的心理平衡，调节人的中枢神经，增强血液循环，有利于排解积郁，消除疲劳和烦恼。正如俗语所说："笑一笑，十年少；笑一笑，百病消。"

有人感叹漫漫人生何其长矣，以至于度日如年；而有人却慨叹人生如白驹过隙，转瞬即逝，因此惜时如金，只争朝夕。或许是"欢愉恨时短，烦恼苦时长"这种心理产生了这种天壤之别。我们每个人都知道"吾生也有涯"，那么，何不学会幽默，使自己的生活充满阳光，同时也拥有一个有限的、亮丽多彩的生命旅程——活出真我呢？

幽默可以修身养性

幽默在交际中的重要作用已经被越来越多的人所认同和接受，但幽默的另外一个潜在的巨大作用似乎还有许多人没注意到。

全世界年龄最高的法国老太太卡尔芒创下了122岁的长寿纪录。卡尔芒之所以能够长寿，一方面与她善于注重身体保养有关，轻松、悠闲、运动以及清淡合理的饮食习惯，是卡尔芒健康生活的必要保障；另一方面这又与她乐观的人生态度分不开，幽默、开朗、豁达的性格更是卡尔芒老太太长寿的真谛所在。卡尔芒出生在一个富裕的家庭中，她的一生都是在清闲自在中渡过的。1997年她121岁生日时，一群记者曾经问她："您怎么能活这么大岁数？"卡尔芒幽默地回答说："上帝把我给忘了。""您的长寿秘方是什么？""我要是有，早就卖给你们了。"这一问一答把卡尔芒幽默诙谐的性格表现得淋漓尽致。

从上边这个例子不难看出，幽默还在人们的日常生活中发挥着不可低估的修身养性作用。卡尔芒老太太如果不是具有幽默、开朗、豁达的性格，而是终日郁闷寡欢，她就不会有良好的精神状态，就会影响她的身体健康，也就不会那么长寿了。这么说是有科学根据的。经专家研究发现，诙谐、妙趣的幽默能使人忍俊不禁，在人们笑得特别开心的时候，一些潜伏在人体内部伺机"作案"的致病因子，便被那一阵阵的笑声驱逐出"体外"。弗德罕大学的研究结论是：笑，对心脏、肺部、胃和其他器官均有益处。笑能调节过低和过高的血压，促进消化，增强活力，并延长寿命。

为了让你们在交际活动中能更加左右逢源，如鱼得水，为了让自己的身体和心理更健康，并拥有一个良好的精神状态，你们应该学会幽默，而且应该从现在就开始。

幽默——心理调适剂

幽默是一种心理调适剂，它不仅能促进身心健康，而且还能开拓人生，使其更加绚丽多彩、灿烂辉煌。心理学研究表明，人的大脑皮层有个"快乐中枢"，那种令人觉得有趣或可笑的"幽默"，正是其最佳的刺激源之一。这个"快乐中枢"接受适宜的刺激后呈兴奋状态，能把各种美好的东西复制出来，在人的机体内发生一场"生物化学暴风雨"，激活人体机能，洗刷生理疲劳和倦怠，改善体内循环，促进人体免疫功能。因此，科学家们把"幽默"生动地比喻为"心理按摩"。据报载，美国生理学家爱尔玛为了研究心理状态对人的健康的影响，做了一个实验，发现人在生气时的生理反应十分剧烈，分泌物比任何时候都复杂，并具有毒性。所以，动不动就生气的人很难长寿。我国古谚"笑一笑十年少，愁一愁白了头"，也是这个道理。

霍德斯做了一个极为有趣的实验，他将同一张卡通漫画显示给两组被测试者观看，其中一组的人员被要求用牙齿咬着一只钢笔，这个姿态就仿佛在微笑一样；另一组人员则必须将笔用嘴唇衔着，显然，这种姿态使他们难以露出笑容。结果，霍德斯教授发现前一组比后一组被测试者认为漫画更好笑。这个实验表明我们心情的不同往往不是由事物本身引起的，而是取决于我们看待事物的不同方式。

培养幽默感是有助于一个人适应社会的工具。当一个人发现不协调的现象时，一方面要能客观地面对现实，同时又要不使自己陷于激动的状态，最好的办法是以幽默的态度应对，这样往往可以使本来紧张的情绪变得比较轻松，使一个窘迫的场面在笑语中消逝。幽默是人们的一种心理行为，学会幽默可以减轻心理上的挫折感，求得内心的安宁。幽默还是一种自我保护方法，对心理治疗的施行特别有帮助。幽默感强的人，其体内新陈代谢旺盛，抗病能力强，可以延缓衰老。

无论是在学校还是在单位里，幽默都是友谊的纽带。有的人尽管为人老实厚道，纯朴善良，但由于不善幽默的言谈，性情古怪，便很难拥有更多的朋友在身边；有的人虽然嘴里喋喋不休，说个没完没了，但因为话语枯燥乏味，缺少趣味，也无法赢得更多的"听众"；有的人活泼可爱，幽默风趣，就经常能获得别人的好感，从而赢得众多的真心朋友，在社会交往活动中得心应手。是否具有幽默感，在很大程度上决定着你们在交际活动中是否能够成功。

生活，就像一团麻，总有解不尽的小疙瘩；生活，就像爬大山，总会有一些坑坑洼洼。如果，你们能够学会幽默去面对人生，那么，你们的生活也将会充满乐趣。

4. 保持"空杯"心态

每一个人要想应对时代和环境的变化，须随需应变。以变应变，

要求我们具有"空杯"心态。做事的前提是先要有好心态，如果想学到更多学问，提升能力，要把自己想象成"一个空着的杯子"，而不是骄傲自满、故步自封。

空杯就是要把自己"当人看"。人无完人，任何人都有自己的缺陷，都有自己相对较弱的地方。也许你在某个行业已经满腹经纶并十分成功，也许你已经具备了丰富的技能，但是对于新的环境、新的政策、新的对手，你仍然没有任何特别。你需要用空杯的心态去重新整理自己的智慧，去吸收现在的、别人的、正确的、优秀的东西。如果你不去领悟，不去感受，不去学习，仍然高枕无忧地躺在过去成功的经验之上，那将是很可怕的结局。

学习"空杯"

曾子曰："吾日三省吾身"。生活中还流行着一句充满智慧的哲言："认识你自己"。认识自己很重要，认清自己是非常困难的，否定自己更是难上加难。否定自我需要胸襟、需要坦诚、需要胆魄，需要真正的空杯心态，只有否定自我才能超越自我。

相传在很远的古代，知了是不会飞的。一天，它看见一只大雁在空中自由自在地飞翔，十分羡慕。它就请大雁教它学飞，大雁高兴地答应了。

学飞是一件很辛苦的事。知了怕吃苦，一会儿东张西望，一会儿跑东窜西，学得很不认真。大雁给它讲怎样飞，它听了几句，就不耐烦地说：知了！知了！大雁让它多试着飞一飞，它只飞了几次，就自满地嚷道：知了！知了！秋天到了，大雁要到南方去了。知了很想跟大雁一起展翅高飞，可是，它扑腾着翅膀，怎么也飞不高。

这时候，知了望着大雁在万里长空飞翔，十分懊悔自己当初太自满，没有努力练习。可是，已经晚了，它只好叹息道：迟了！迟了！

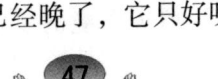

在我们的身边，有多少这样的"知了"，就有多少这样的"迟了"。

空杯心态就是随时对自己拥有的知识和能力进行重整，给新知识、新能力的进入留出空间，让自己的知识与能力总是最新。永远不自满，永远在学习，永远在进步，永远保持身心的活力。在攀登者的心目中，下一座山峰，才是最有魅力的。攀越的过程，最让人沉醉，因为这个过程，充满了新奇和挑战，空杯心态将使你的人生渐入佳境。

昨天正确的东西，今天不见得正确；上一次成功的路径和方法，可能会成为这一次失败的原因。不论组织还是个人，不犯错误都是美好的愿望，犯错误才是客观的现实。受到批评要警惕、警醒，得到赞扬更要警惕、警醒。在鲜花和掌声面前，看到差距；在困难和挫折面前，不失信心。这便是成熟和进步，这便是空杯心态。

"人要有空杯心态，让自己从学徒的心态开始前行"。如果总是守着自己的半桶水，晃呀晃的，就会陷入孤芳自赏、敝帚自珍的封闭境地，就会成为孤陋寡闻、不思进取的井底之蛙。保持空杯心态的唯一的方法就是把杯子里原来的水给倒掉。人的大脑就如同电脑一样，只有不断删除那些过时的知识和经验，我们才能不断接受新的东西。否则，你内存有限的大脑和心灵就会被一些无用的垃圾塞满而死机。

空杯就是经常给自己的心智洗澡。文韬武略的商汤王在他的洗澡盆上写了九个字——"苟日新，日日新，又日新"他在洗澡的时候，外洗身，内洗心，所以他在洗完澡后"身心舒畅"。我们现在洗澡，只洗身，不洗心。在洗澡的时候，还怨这个恨那个。真正的洗澡，应该是外洗身，内洗心，把外在和内在的过时的东西、心灵的杂草、大脑的垃圾等等，通通一洗了之，把身心洗得干干净净，清清爽爽。

做人就像一只杯子，你不停地往杯子里倒水，杯子的容量有限，如果你不把杯子里的水倒出来，水就会溢出来。人的思想就像只杯子，装满了知识和想法，假如你想要学到更多的东西，就必须先把自己手中的那半杯水倒掉，真心的用一个属于自己的空杯，然后才能够真真正正的学到自己想要的东西。如果你不抛弃旧的观念，就无法接受新的东西，所以，做人要空杯一切。

我们都知道这样一个现象：如果一个杯子有些浑水，不管加多少纯净水，仍然浑浊；但若是一个空杯，不论倒入多少清水，它始终清澈如一。请时常清空我们杯中的水，以积极、开放的心态面对新事物。"善人者，不善人之师；不善者，善人之资"，学习善者，可找出差距，弥补不足，学习不善者可以此为鉴，减少不必要的失误，提升适应性。

做个"空杯"

人生在世——幼时认为什么都不懂，大学时以为什么都懂，毕业后才知道什么都不懂，中年又以为什么都懂，到晚年才觉悟一切都不懂。——林语堂

（1）清空杯，一切归零的心态

在实际工作中，我们很多人，一旦在一个岗位上工作了一段时间，就会觉得工作起来非常熟练，无须接受新的学习，总觉得一些领导、管理、营销理论也学得差不多了，业务知识在平时的工作中也在不断地应用，虽然也想着继续学点东西、不断充实自己，但是因为有了老的知识——即"杯子中的浑水"，学进去的东西并不能在实际工作中好好地运用，然后慢慢地变成了"吃老本"。

殊不知，社会每时每刻都在前进，周围的环境在不断变化。如若有了"空杯"心态，大家都把自己完全当成新生，虚心地向周围的同事、同行、客户等学习，改变过去对事物的许多看法，调整好积极学习的心态与思维惯性，全面接受新的知识，我们会进步的更快，也就能更好地适应当前的竞争社会要求了。

"人要有空杯心态和海绵心态，让自己从学徒的心态开始前行"。如果总是守着自己的半桶水，晃呀晃的，有相应的成就感，认为"也不过如此"。这个时候产生的成就感一方面有利于我们增强对学习新事物的信心，但另一方面值得注意的是，与信心的增强一同滋长的还有我们的浮躁心理和骄傲心态。如此一来，求知欲下降了，自傲心理加强了，学习的动力没有了，于是便有了半杯水、半桶水，再也无法融进更多的知识。

（2）成功——是失败之母

解放初期，毛泽东有一次和周谷城谈话，毛泽东说："失败是成功之母。"周谷城回答说："成功也是失败之母。"毛泽东思索了一下，说："你说得好。"

是的，"失败是成功之母"这句话人们耳熟能详，其中的道理也被大多数的人认识和接受，可周谷城却在领袖面前翻出新意，并得到毛泽东同志的肯定，说明成功是失败之母也有很大的道理。失败是成功之母，人们着眼于失败能给人以启迪，在未来的实践中能有的放矢，避免重蹈覆辙，从而迎来成功。

从这个角度上看，经过失败的人更有希望实现成功，失败是成功之母有很大的正确性。可是，当人们取得成功后，志得意满，意气风发，人会放松警惕，放弃进取，一旦被对手乘虚而入，失败转瞬即至。从这个道理上说，难道不是成功孕育了失败，成功为失败之母了吗？

微软公司总裁比尔·盖茨说过："对于成功的企业和企业家来说，其事业最大的威胁不是来自竞争对手，而是来自于他们自身"。方正（香港）公司董事局主席王选也告诫，警惕成功是失败之母。许多失利者，并不是被对手挤垮的，而是被自己的成功冲昏头脑，以致败下阵来的。此语非常值得我们深思。人生没有永久辉煌，"月盈则亏，水满则溢"。

成功者首要做到的是头脑清醒，眼光明亮，像孔子一样不断"三省吾身"，从非理性的高处逼降；像唐太宗一样不断"三镜自照"，不断地矫正人生的航标，从新的角度和立场去思考做事和做人；像计算器一样不断"键盘归零"，展开新的程序，去设计、运算最新最美的图画。甩掉成功的包袱，才能获得更大的成功。

当我们在质疑别人的时候，会忘记自己也犯一样的错误，那么我们都坐下来，把心气降下来，把心里的东西倒空，做一个谦卑的人开始学习，开始给心里装新的知识。每当遇到挫折我们开始愤怒，开始抱怨，其实我们该做的是波澜不惊的平稳心态，把心里的结打开。每个人要超越的其实是自己，自己是自己的心魔，从现在开始做一个会聆听的好学生，从现在开始做一个谦卑的人，拥有空杯的心态。

保持一颗"空杯"心，拥有空杯心态的人会表现得谦卑，那么，让我们也试着忘记过去，时常记得"清空"并在杯中注入新鲜干净的"水"。因为，谦虚是人类最伟大的成就，用谦虚来打扮灵魂，我们的心灵更加漂亮，我们的世界也因此充满了阳光！

5. 我自信，我成功

自信是人生最珍贵的品质之一，是获致人生成功和幸福的最为重要的一种心态。

美国著名的成功学奠基人和励志导师罗杰·马尔腾说："你成就的大小，往往不会超出你的信心的大小。不热烈地、坚强地希求成功，期待成功，而能取得成功的，天下绝无此理。成功的先决条件就是自信——缺乏自信，就会大大减弱自己的生命力。"

自信亦称自信心，是一个人相信自己的能力的心理状态，即相信自己有能力实现自己既定目标的心理倾向。自信是建立在对自己正确认知基础上的，对自己实力的正确估计和积极肯定，是自我意识的重要成分，是心理健康的一种表现，是学习、事业成功的有利心理条件。

肯定自我，建立自信

对于任何自卑者来说，最为缺乏的是一种内在的自我价值感。自卑是个体感受到自我价值被贬低或否定的内心体验。这种贬低或否定可能来自于当事人自己，也可能来自于外界的评价，但更多的时候是两者兼而有之。

自卑的反义词并不是自尊而是自信，自卑者往往有着超出常人几倍的自尊需求，只不过他们的自尊心缺乏一个稳定的内核和坚固的外壳，因此一点点小事就可能使其受到巨大的伤害。可见，对于自卑者需要的是调整对自我的认识角度，更需要的是通过不断地发展自我建立一种独特的人生优势。

有的人往往带有自卑感，他们总是觉得自己在说话方面低人一等。这样，他们对任何事情也不想积极去做，总说自己没有自信，等有了信心再去做，结果他们总是一事无成。

由此，培养自信心，就不要依赖别人的赞许，当你认识到自身的价值，当你决定选择一种行为，别人反对，也不要感到沮丧。因为那是一种自然现象，别人也不是啥都看得远、懂得多。

自信是一缕和煦的春风，是一丝动人的微笑，是一片明朗的天空。自信让我们变得干练、成熟，自信使我们的脚步变得坚实稳健。一个不屈不挠的人，自信在心中必坚韧地站立着，站成精神上的钢浇铁铸的脊梁，站成一幅永不凋谢的风景。

自信产生于努力之中。有人认为做事情只有有了自信之后才能去行动，这就好比人学会了游泳之后再下水学游泳一样，是非常荒谬的。当我们徘徊于做与不做之间时，就应该在没有自信的情况下，大胆去做。

伊索寓言有一个故事：父子二人赶驴到集市去，途中听人说："看那两个傻瓜，他们本可以舒舒服服地骑驴，却自己走路。"于是老头让儿子骑驴，自己走路。又遇到一些人说："这儿子不孝，让老子走路他骑驴。"当老头骑上驴让儿子牵着走时，又遇到人说："这老头身体也不错呀，让儿子在下面累着。"老头子只好让两人一起骑驴，没想到又碰到人，有人说："看看两个懒骨头，把可怜的驴快压爬下了。"老头子与儿子只好选择抬着驴走的方法了，没想到过桥时，驴一挣扎，坠落河中淹死了。

按照马斯洛的需要层次论的观点，人都希望得到他人的认可与尊重，期望获得荣誉，因为这些可以令人精神上受到鼓舞。但是，人在奋斗过程中，真正有作为的事不是跟在别人后面亦步亦趋，而是需要创新。理解是具有滞后性的，如果不培养自我赞许的意识，就无法自我肯定，就坚定不了决心和信心，失败就随时"恭候"着你。

自信仿佛是人生坐标系上的原点，处境极其微妙，前进抑或后退，就在一念之间。具备自信就是具备了开拓进取的基础和条件，因为有了自信，就有了创造精神和创新意识。十分成功中有五分属于自信。成功是船，自信是帆；成功是高山，自信是登山的小阶；成功是远方的路标，自信是脚下的跋涉。

自信是愚公移山的信念，是精卫填海的毅力，是夸父追日的追求。自信不是神话，但神话中的愚公、精卫却树起了一杆自信旗帜，飘扬在历史的岁月中，让代代传诵自信的力量。

人们对自己根本不能做的事情是不会彷徨的。如果人们在做与不做之间徘徊不前，就说明这件事，只要通过自己努力就有可能成功。对这种事情，我们应该有只要努力就能成功的自信，也应该有冒险一试的精神。许多人陷入完善的桎梏之中，三思再思，但却不去行动。然而只有通过实际行动，思想才能得到解放增强自信。

自信是成功的第一秘诀

自信是成功的第一秘诀——爱默生。成就事业就要有自信，有了自信才能产生勇气、力量和毅力。具备了这些，困难才有可能被战胜，目标才可能达到。但是自信绝非自负，更非痴妄，自信建筑在充实和自强不息的基础之上才有意义。

（1）《成功的脊梁是自信》——阿瑟夫

阿瑟夫把全部财产投放在了小型制造业上，可正当事业如火如荼地发展的时候，第二次世界大战爆发，金钱丧失、企业破产，妻女也离阿瑟夫远去，他由百万富豪一夜之间沦为一文不名的流浪汉。绝望中，阿瑟夫无意中看到一本名叫《自信心》的书。这本书给他带来了勇气和希望，阿瑟夫决定找写这本书的作家，寻求东山再起的良方。

"我很同情你的境遇。可是，我却没有办法帮助你！"作家无可奈何地摊摊双手，"不过，我可以介绍你去见一个人，他完全有能力帮助你重新站立起来。"

作家把阿瑟夫领到一面硕大的穿衣镜前，说道："我介绍的就是这个人。在整个世界上，只有他能够帮助你。不过，你首先必须彻底认识这个人。这是因为，在你对这个人未做充分认识之前，对于你自己和这个世界而言，你都将是个没有任何价值的废物。"

三年后，一本名叫《成功的脊梁是自信》的自传体小书在市面上三次再版，一路畅销，这本书的作者就是阿瑟夫。经过三年打拼，他已经拥有了一家资产逾亿美元的制造公司。

阿瑟夫在这本书中深有感触地写道：自信心，是一个人顽强生存、事业成功的脊梁。如果一个人连自己也瞧不起，连自信心也丧失殆尽，那就等于自己给自己判了死刑。

自信不是潇洒的外表，但它会带给你外表的潇洒。它是需要长期坚持的一种生活习惯，它会让你认识自己所扮演的人生角色，自己在哪方面有足够的能力，还有哪方面需要再发掘自己的潜能，这样你就能精神饱满地迎接每一天升起的太阳。

自信不是财富，但它会带给你财富。拥有并保持十分的自信，你就拥有发言权，就会得到升迁的机会，就会拥有自己的办公室，就会承担新的更具挑战性的工作，你得到的成功机会也就更大。

（2）在困境中绽放自信的花朵

世界上有一些虽身处逆境，但充满自信，自强不息，奋斗向上，最终获得辉煌成就的人。古希腊著名演说家德摩斯梯尼，原先患有口吃病，幼年结巴，语音微弱，演说时常被人喝倒彩。他始终对自己信心百倍，为了克服疾病，每天清晨口含小石子，呼喊练习，终于成为口若悬河，辩驳纵横的演说家。

德国著名天文学家开普勒。4岁时出天花，留下一脸麻的后遗症，后又患猩红热，高烧烧坏了眼睛，成了高度近视。他终身受疾病折磨。但他从未失去自信，在贫病交加中大无畏斗志昂扬几十年。建立了行星运动三定律，为牛顿发现万有引力打下基础。重要著作有《宇宙的神秘》《哥白尼天文学概要》《宇宙谐和论》等。

美国著名的女作家海伦·克拉，幼年因病造成又聋又瞎。她自信自强，14岁攻克多种外语，通晓德、法、古罗马、希腊文学。20岁考入著名的哈佛大学。后来成为著名作家。

在逆境中不自卑，面对困难充满自信，古今中外屡见不鲜：张海迪幼年因病高位截瘫，她自信努力，成为作家、翻译家；屈原被流放写成《离骚》；孙子受膑刑后著《孙膑兵法》；司马迁遭宫刑写《史记》；贝多芬耳聋后谱出《英雄交响乐》；奥斯特洛夫斯基在失明瘫痪中写出《钢铁是怎样炼成的》。

成功是种自我选择的结果。在别人的眼里的成功者自杀了，而别人眼中的失败者却认为自己是世界上最快乐的人。生活中这样的例子你我都见了不少。可见，成功可能是财富、地位或健康、快乐等。不同的人，同一个人在不同的时间中对成功的态度是不同的。因为成功是我们态度选择的结果。

这就像是一个自助餐厅，你要吃什么，怎么吃全在于你的态度，你可以选择自己不动手，其结果你就饿肚子。你也可以选择勤快，拣一些好吃的来，结果你就会快乐的享受食物。

成功有时只是比别人好一点点。当我们想到成功时，总会认为要做得很好，要远远超过别人才算。

6. 做一个积极乐观的人

桌子上放着一只杯子。有一半的水，刚下了体育课的孩子们走进教室，看到了有些人就会说说："怎么只有半杯水了，真倒霉！而有些人还会这样说："还有半杯水呢，真不错！"这两种截然不同的声音响起。前一种人我们称之为悲观，后一种我们则称之为乐观。

乐观积极点亮人生

积极乐观的人就像太阳，照到哪里哪里亮。走到哪里哪里就会很温暖，无论走到哪里都给别人带来希望、带来快乐！生活不是没有阳光，是因为你总低着头；不是没有绿洲，是因为你心中一片沙漠。永远的积极心态，就会拥有永恒的快乐！所以我们每一个人应该用一个积极乐观的心态去面对生活中的每一件事，并且要勇于挑战自我。健康是每一个人的梦想，对于我们来说健康的定义就是："用一个积极乐观的心态去面对生活中的每一件事并且要勇于挑战自我。"

青少年从小就应该培养这种乐观积极的心态，因为这对青少年成长是很重要的。有一天某个农夫的一头驴子，不小心掉过一口枯井时，农夫绞尽脑汁想办法救出驴子，但几个小时过去了，驴子还在井里痛苦地哀嚎着。最后，这位农夫选择了放弃，他想这头驴子年纪大不中用了，不值得大费周章去把它救出来，不过无论如何，这口井还是得填起来。于是农夫便请来左邻右舍帮忙一起将井中的驴子埋了，以免除它的痛苦。农夫的邻居们人手一把铲子，开始将泥土铲进枯井中，当这头驴子了解到自己的处境时，刚开始哭得很凄惨。但出人意料的是，一会儿之后这头驴子就安静下来了。农夫好奇地探头往井底一看，出现在眼前的景象令他大吃一惊：当铲进井里的泥土落在驴子的背部时，驴子的反应令人称奇——它将泥土抖落在一旁，然后站到铲进的泥土堆上面！就这样，驴子将大家铲倒在它身上的泥土全部抖落在井底，然后再站上去。很快地，这只驴子便得意地上升到井口。然后在惊讶的表情中快步地跑开了！

从这个故事中，我们可以看出，在人的一生中，就会发生像驴子的情况，在生命的旅程中，有时候我们难免会陷入"枯井"里，会有

各式各样的"泥沙"倾倒在我们身上,而想要从这些"枯井"脱困的秘诀就是:将身上的"泥沙"抖落掉,然后站到上面去。所以我们更应该像驴子那样保持积极乐观的心态,因为生活本来就充满了风险和挑战,所以对于青少年来说必须明白,不是每件事情都会有好的结局。痛苦、失败在所难免,你没有必要认为自己总会痛苦、失败,因为你大部分时候,好的方面会比坏的方面多。所以当你用积极的心态去面对的时候,你会发现,会有另外一种情况展现在自己的面前。

那头驴在面对枯井,就是因为它在困境、挫折面前转变了观念,用积极乐观的心态面对它,从而平静下来,并采取了自救的方法。设想,如果驴子不转变观念,只哀鸣求助或者一味地抱怨,最后只能是坐以待毙。因此我们在困难面前,以乐观的心态去分析问题,才是最明智的选择。所以青少年更应该向驴子学习,一头驴尚能如此积极乐观,何况我们是一个完完整整的人呢!

俗语说得好:"世界向微笑的人敞开","巴掌不打笑面人"。任何人都不会拒绝快乐,而乐观是快乐的根本。乐观的人收获的是果实,留下的是财富;悲观的人收获的是空白,留下的是痛苦。

曾经有这么一个小故事:有一位爱哭的老婆婆,因为她有两个女儿,大女儿嫁给卖鞋的,二女儿嫁给卖伞的,她每天都为两个女儿操心不已,所以她几乎每天都以泪洗面。

而这是因为什么呢?原来当天气晴朗时,她担心卖伞的二女儿生意不好,就难过地掉泪;当天气下雨时,她又担心卖鞋的大女儿鞋子卖不出去。于是,不管天晴还是下雨她都伤心,因此大家就称她为"哭婆"。

有一天,来了一个禅师就问"哭"婆:"你为什么每天哭呢?"

"哭婆"解释说她几乎每天都很痛苦,这一辈子为了两个女儿操了一辈子心，因为总是害怕她们过不上好日子。

禅师说："你应该高兴才对啊！"

"哭婆"大惑不解地问道："为什么？"

禅师说："因为当天晴时，大女儿的鞋子卖的好，当下雨时二女儿的伞会有生意；不管天晴天阴，两个女儿都有钱挣，这样不是很令人高兴吗？"

老婆婆听了这番话顿有醒悟，从此以后，每天都笑嘻嘻的，"哭婆"变成了"笑婆"了。

著名教育家魏书生在《心灵的摄像机对准啥》一文中说："我们的心灵像摄像机，眼睛便是摄像机的镜头。面对社会，面对生活，我们拍下什么录像片在自己的心上，全由自己说了算。""一个人，从早到晚睁着两只眼睛，总是看阴暗面，总看垃圾、脏水、苍蝇、打架、斗殴、懈怠、违法乱纪。久而久之，他心灵的录像带，左一盘右一盘全是这些假恶丑脏的东西，于是他牢骚满腹，他愤懑，他觉得天昏地暗，自己的内心也没有光明。"

工作生活中，没有人愿意和一个消极、悲观的人相处，当自己显得不合群或被冷落时，必须以健康、快乐的一面去面对别人，才可能加以改善。像"哭婆"一样，当她的心态转变了，就成为一个快乐的人了，我们很年轻，为什么不能笑对人生，做一个积极乐观进取的人呢？

对于青少年来说，世界上有千千万万的人和事物，每个人与每种事物或许都有美与丑两个方面，用积极的心态更多地注重人和事物的美好一面可能会感到幸福，而用过分苛刻的眼光只注意人和事物丑的一面自然会感到不幸。让我们换一种观点、换一种眼光、换一种心态看待现实中不完美的人和事物吧，做一个拥有积极心态乐观向上的人，这样就会少一些抱怨、少一些痛苦，多几分洒脱、多几分幸福……

积极乐观成就人生

当你放迪斯科的时候，身边的人会随你跳舞；当你放哀乐的时候，身边的人只会随你流泪。我们作为个体的人，可以是团火，去点燃身边的柴；也会是块冰，能冷却身边的碳。正如大海可以成为人们的丰富宝藏，也可以成为人们的葬身之处；丛林可以是土族人的乐园，也可以是陌生人的坟墓。是财富还是陷阱，全由我们每个人的心态决定。

不管别人怎么说，每件事都只看它的光明面。要有信心，不管是对你、对其他人，或者是整个世界，每件事最后都会好转的。不要让这个信念动摇，把你坚定不移的信心表现出来。如果别人说你实在是过度乐观，告诉他们，要过度乐观是不可能的，每一个经验——即使是最不愉快的一个——也带有一些满足的种子。

青少年正处于人生的成长阶段，这种积极心态的培养就很重要，对于青少年来说，这是迈向成功的基石。一位外国大提琴家的童年故事就是一个绝好的例证。有一天，他拖着比自己身体还高的大提琴，在走廊里迈着轻快的步伐，心情显然好极了。一位长者问到："孩子，你这么高兴，是不是刚拉完大提琴？"他的脚步并没有停下，"不，我正要去拉。"这个7岁的孩子懂得一个许多大人不懂的道理：音乐是一种愉快的享受，而不是我们不得不做的、必须忍受的工作。后来他就成为了一个非常著名的大提琴家。

所以不论何时何地，作为青少年，我们应该端正自己对生活、工作与学习的态度，凡事采取积极的思维，积极的语言，积极的行动。哪怕是一瞬积极的微笑，一个积极的手势，或者一次积极的暗示，都会有助于我们形成积极乐观的心态。我们应该学会热情地生活，愉快地工作，轻松地学习，以乐观旷达的胸怀，真诚地为他人服务，为他人送去幸福。因为当我们把幸福带给他人的时候，幸福也就悄然降临我们的身边。

爱迪生是我们每个人心目中伟大的人，而大发明家爱迪生在做实验的时候，工厂曾经失火，他近百万美元的设备化为乌有。六十七岁的爱迪生闻讯赶到火灾现场，员工们认为面对废墟一片，他一定会暴怒至极。但爱迪生的表现非常镇静，甚至还笑着说："这场大火烧得好哇，我们所有的错误都烧光了，现在可以重新开始了。"他的话说明了一个道理：一件事情的好坏，取决于当事人对它的态度。意志坚强的乐观者面对诸多问题，总是抱着仍有可为的态度，遭遇变故会变得更加坚强。正如爱迪生的一句名言："我的成功乃是从一路失败中取得的。"

是的，事物永远是阴阳同存，好坏并进；事物发展的轨迹总是波浪前进，螺旋上升。对于生活中的阴暗面，青少年是生长在七八点钟的太阳，如果我们没有能力抑制、消灭时，我们还是不看为好，何必让那些苍蝇臭虫一样的人或事弄得自己恶心与不愉快呢？昨天他会成为过去完成式，而我们青少年也正在努力的去改变。

在现实生活中，我们要学会不断调节自己的视角，不要老是让自己觉得失败，不要由于没有成功就责备这个世界不够完美。其实，我们更应该像爱迪生那样，成功是从失败中走过来的，保持一个积极乐观的心态比什么都重要，因为这才是正确的人生观。

作为青少年，如果你觉得悲观情绪左右着你的判断，你开始觉得对未来失去信心的时候，不要忘了提醒自己时间正在一分一秒流逝。悲观本质上是不切实际的，因为它让你在还没有发生，并且也不一定会发生的事情上浪费了时间，它阻碍了你完成应该完成的事情。有人说；生活就是一面镜子，你对它哭它亦哭，你对它笑它亦笑。快乐是一天，不快乐也是一天，为什么不乐观、快乐地度过每一天呢？

　　对于青少年来说，乐观是我们追求的一种态度，积极乐观的人生态度，有时候比什么都重要。在乐观中撷取一份坦然，你的面前就会益然多彩；在悲观中摘下一片沉郁的叶子，只能瓦解你积攒的力量。乐观态度能使一个人用生命去谱写着对事业的热爱，抱着乐观的态度去面对生活，面对一切，会让你快乐、幸福。乐观、积极、向上的人生，是我们每个人所向往和追求的，只有充满丰富内在而乐观的人才是幸福的。

第一节 克服不良性格

1. 克服自负心理

自负是过于自信或过高地评估自己的能力,是一种不切实际自高自大的心理表现,这种现象往往会使人言谈举止狂傲自私,瞧不起人。自负必须建立在客观事实的基础之上,通常,脱离实际的自负对于人的心理健康有着严重的影响。青少年有自负心理就是一种严重缺乏自知之明的心理缺陷。

生活中,有些青少年朋友们常常会因为自负而不能和朋友们友好相处,有这种心理的青少年也总是有着高高在上、盛气凌人的不良表现。有的不尊敬长辈、对大人们傲慢无礼;还有的青少年朋友因为自负不爱与别人说话,不回答别人问的问题。这种不正常的心理表现严重影响了青少年的健康成长。

自负心理——人的一大恶习

有自负心理的人有很强的自尊心,他们自视过高,总以为自己很了不起,总是把自己凌驾于别人之上。与人交往时,他们习惯把自己的观点强加于人,即使明知自己错误,也不愿意改变自己的态度,接受别人的观点;任何事情都从自己的利益出发,从来不顾及别人的感受,但却要求别人都能为他服务;对别人的成绩非常嫉妒,对别人的失败幸灾乐祸,不向别人提供任何有价值的信息;在别人获得成功时,会用"酸葡萄心理"来维持自己的心理平衡。

杨某是个非常优秀的学生，人长得漂亮，有一双会说话的大眼睛，能歌善舞，素质发展非常全面。在学校是个受欢迎的学生，学校领导看着喜欢，班主任老师更是视为心腹骨干，回到家里，爸爸妈妈又把她捧为掌上明珠，宠爱有加。

有个这样能干的学生，作为班主任当然十分高兴，一直都很重用她，凡事都让她管，渐渐地她越来越自命不凡，和同学之间的矛盾也越来越大了。学期开学要重新成立班委会，班主任征求她的意见，她说这个"太笨"，那个"不会说话"，不是摇头就是撇嘴，意思十分露骨：全班除了她没人能当班干部了！也许正是她的这种态度，引起了同学们的不满，班干部竞选时，她以11票之差落选了，当时，她就急哭了，中午拒绝吃饭表示对竞选的不满。

美国著名的哲学家富兰克林曾说过："自负是一个人要除掉的恶习。"可见，自负对人是有百害而无一利的，一般有自负心理的青少年大多数是表现在独生子女或是家庭条件较好的你们身上。自负不但会给你们造成负面影响，还会影响你们的生活、学习和人际交往及心理健康。

你们产生自负的原因如下：

1. 不良的家庭教育。家庭教育是你们产生自负心理的第一根源。青少年朋友们在成长过程中，还没有很高的自我评价能力，通常你们的自我评价来自于周围的人对自己的看法，家庭则是你们自我评价的第一参考。而多数父母给予你们的都是片面的溺爱、夸奖、表扬，而非全面的夸奖与批评相结合，从而使他们觉得自己是"最了不起的"，"我是最棒的，别人都要听我的"。

2. 没有经历过挫折。现在大多青少年朋友都是父母的掌上明珠，

在生活中,你们从来没有遇到过挫折,在学校又因为成绩突出,经常受老师的表扬,这就很容易使你们养成自傲和自负的个性。

3. 对自己片面的认识。有自负心理的你们往往掩盖自己的缺点,夸大自己的优点。事实证明,如果一个人只看到自己的优点,而对自己的缺点视而不见,往往容易产生自负的个性。

克服自负心理,刻不容缓

自负往往会导致你们自满,会使你们丧失进取心,增强虚荣心。它会阻碍你们前进的脚步。那么,你们如何克服自负心理呢?

1. 你们要善于接受批评

有自负心理的青少年朋友是最不愿意改变自己的态度或接受别人的意见了,有自负心理的你们可以在做事时征求一下其他人的意见和看法,这样通过别人的友好提醒,很快就会改变你过去固执己见、唯我独尊的心理。

2. 谦虚是良好的传统美德

有自负心理的你们要用一颗谦虚的心与别人建立友好的人际关系,这是你个人自觉成长的开始。古人云:"谦受益,满招损。"你可以有豪气万丈,但绝不能半分有自负心理。就算你有超人的才识,也要虚怀若谷。

3. 增强自我认识

你们要全面的认识到自己的优点和缺点,不要拿自己的优点和别人的缺点相比较。在这个世界上每个人都有自己的优势和不如别人的地方。所以,你们要正视自己的优点和不足,从而,尽快走出自负心理。

4. 善待身边的每一个人

有自负心理的你们一般都是目空一切,总觉得自己是最优秀的,这是自恋的表现,对身心健康极不利。要想彻底地克服这种不好的心理,必须要做到心中有他人、处处为别人着想,尊老爱幼,善待身边的每个人,还要取他人所长补自己之短,不断地充实、完善自己,努力克服自负。

你们要以发展的眼光看待自负,既要看到自己的过去,又要看到自己的现在和将来,辉煌的过去可能标志着你过去是个英雄,但它并不代表着现在,更不预示着将来。

2. 克服孤独心理

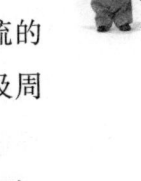

孤独并不是指单独生活或独来独往。人人都可能有孤独的时候,一个人也许在他的身边有很多的人,然而在大庭广众之间,未必就没有孤独感产生。真正的孤独是那种貌合神离,没有情感和思想交流的人。确切地说,孤独就是对周围一切一点也不了解,对所处环境及周围的人缺乏情感和思想的交流。

孤独是在日常交往中产生的一种冷落、寂寞和被遗弃的心理体验,这是一种消极的情绪表现,特别是对于青少年这一人群,在人际交往中出现的孤独感已是困扰你们的重要因素。这对你们行为发展极为不利。

孤独感往往是自己造成的

你们的孤独感是一种封闭心理的反映,是感到自身和外界隔绝或受到外界排斥所产生出来的孤伶苦闷的情感,这是在日常交往中产生的一种冷落、寂寞和被遗弃的心理体验,这是一种消极的情绪表现。

常见的情绪情感障碍有:害羞、恐惧、愤怒、嫉妒、狂妄等,其中,与孤独感密切相连的是害羞和恐惧。害羞和恐惧往往会使人产逃避行为,从而避开与人交往的情境,离群索居,封闭自我。到了你们这个时期,你们的人际关系的特点也不断地发生着质的变化,主要表现在从精神上脱离对父母或成人的依赖,自我意识的进一步发展和完善,以及对成人权威的抵触和反抗,竞争和对抗的激化等方面。

在很多人的印象中,卢朋是一个很不爱说话、性格相当孤僻的孩子,在学校他很少和老师说话,同学们和他说话时,他也很少与人交谈,这对同学们和他之间的沟通产生了很大的影响。对于这些问题学校老师向他的家长进行了了解,原来卢朋在家里也是如此:卢朋的妈妈是养花专业户、平日里忙于整花、卖花,一天从早忙到晚,与孩子相处的时间很少。卢朋的爸爸又经常出差,在家团圆的日子都很少,所以卢朋从小就很少和父母说话,也很少叫妈妈,从来没有带朋友或同学到家里玩过,到了现在也是一个人玩。

人的身心要想处于正常状态就需要不断地从外界获得新的刺激。由于你自尊心的增强,它们与你生理、社会性发展的不平衡相互作用,导致你产生闭锁心理,并因此而产生出孤独感。你们产生孤独感的原因主要是以下几方面:

1. 独立意识差。独立意识是一种向外的力量,你们处于身心健康全面发展的时期,是从不成熟走向成熟的过渡时期。此时,自己的社交和实践范围也在逐渐扩大,各方面和思维能力也在迅速增长,于是不愿再盲目地依从父母。而是积极地用自己的眼睛观看世界,感觉自己长大了,不需要依靠父母了,但残酷的现实又让你们觉得心惊胆战。为了摆脱这种困惑,大多数青少年朋友积极和同龄人交往,做个彼此间的了解。但也有一部分青少年朋友不屑于与同龄人交往,害怕被骗从而转向自闭。

2. 不当的自我评价。有些青少年朋友往往对自己的自我评价过低，这样不仅会产生自卑心理，还容易因缺少朋友而产生孤独感。而有些青少年朋友在自我评价过高时，都比较清高，看不起别人，这种类型的人在交往中一般表现为不随和、不合群、不尊重他人，容易引起别人的不满，因此，过高自我评价的人往往因缺乏朋友而感到孤独。

3. 自我意识比较差。自我意识是一种向内的力量，在你们这个时期，自我意识开始觉醒并逐渐建立，产生了了解别人内心世界并被其他同龄人接受的需要。你们很关心自己在他人心目中的地位和形象，重视他人的评价。他们会将自己隐藏起来。一方面他们觉得自己心中有很多秘密，又不愿告诉别人；另一方面他们又渴望别人能真正了解自己。这种需要得不到满足时，便会陷入惆怅和苦恼，产生孤独感。

走出自己的世界，摆脱孤独

孤独感会使你们产生挫折、寂寞和烦躁等，严重的甚至有厌世轻生的念头。所以，你们应学会打破心理闭锁，消除孤独感。具体方法如下：

1. 多和父母沟通。你要多了解、多学习成年人的优点和长处，如果遇到不开心之事，可以向父母诉说，也许可以得到很好的解决办法，这样不仅可以增进父子之间的感情，还可以减少与父母之间的代沟。

2. 要克服自卑。你因为自卑而觉得自己各方面都不如别人，所以不敢与别人交往，时间久了就造成了孤独。其实，人和人之间是不可相比的，每个人都是不一样的，每一个都有自己的长处和短处。所以，有孤独的你要自信起来，走出孤独的困惑，从而克服孤独。

3. 多做好事。星期天帮助自己的父母做一些力所能及的家务，在放学的路上，遇到老人或残疾人了帮助他们过马路。这样不仅可以排除孤独感，还可以净化心灵。

4. 朋友是最好的良药。开放自我、真诚、坦率地把自己交给他人。交往是一个相互沟通的过程,所以别人也会对你以诚相待,如果你感到孤独或需要关心时,可以主动接近别人、关心别人,别人也会以同样的真诚对待你的,如果你的朋友离你较远,你可以翻翻旧时的通讯录,给久未联系的朋友写写信。这样不但扩大你的社交面,还融洽了人际关系,孤独感自然就会消退了。要注意,和朋友的联系,不只是在你感到孤独时所要做的事,你要知道,别人也和你一样,也需要得到体会和友谊的温暖。

5. 培养广泛的兴趣、爱好。学会为自己安排丰富有益的业余活动,把思想感情从孤独的小圈子里尽快解离出来,全身心地投入的高尚的活动中去。如游泳、打球、跑步等体育锻炼,既可以你的松弛心情、也可缓解孤独感,同时还可以得到激励。

6. 享受大自然的美。如果遇到挫折或心情不好时,此时又不愿向别人倾诉,可以到公园或田野里散步,用一丝丝的清风吹走你的坏心情,慢慢的心情就会开朗起来。要知道生活中有很多活动是充满了乐趣的,只要能充分领略它们的妙处,也能消除孤独感。

孤独绝对是可以克服掉的,只要我们愿意从自己的世界里走出来。相信,当我们走出孤独感的那一刻,便会发现,外面的世界原来是如此精彩,生活是这么美好,你们就会问自己:自己以前是不是很傻啊?

3. 克服依赖心理

依赖心理是中学生普遍存在的一种心理,拥有依赖心理的人生活中处处依赖他人,经常需要他人的帮助和指导,不够自立、自信、自主。人在天地间行走应该是独立的,作为一名中学生,跨进青春之门,进入青春期,头脑中应具备一定的独立意识,这种独立意识外在的表现首先就是要自己的事情自己做，克服对他人的依赖。

现代社会，独生子女的家庭越来越多，你们自幼就是在6：1的重重关怀之下成长的。也许你就是其中之一。在家里，父母、爷爷奶奶、外公外婆都视你为宝贝，自己生活的一切均由父母包揽，生活中从没有为自己的事情考虑过，全部听从父母的安排，这样就养成了你的依赖心理。亦或者，从小你就比较自卑，总认为自己不如他人，如知识贫乏、能力不强、笨嘴拙舌等等。于是，你遇事往往犹豫不决，缺乏自信，总需要他人的帮助和指导，很难单独进行自己的计划或做自己的事。久而久之，也容易养成依赖心理。

依赖心理——人生第二断乳期的普遍心理

其实，依赖心理在中学生当中是比较普遍的现象之一。曾有报道说，一个孩子面对没有剥壳的鸡蛋竟不知如何下口，因为平时都是父母剥好壳送到嘴边的。这样的说法也许有点夸张，但也从某些方面反应了当代社会中一些人尤其是未成年人依赖性比较强这个事实。

对于你们来讲，跨入青春之门，就意味着进入了心理断乳期。在这一时期，随着身心的发展，你一方面比以前拥有了更多的自由度，另一方面却担负起比以前更多的责任。然而，由于从小受到父母的过度溺爱和娇纵惯养，使得自己不懂生活的艰难。所以面对这些责任，你感到胆怯，因为你已经养成了做事靠父母的依赖心理，缺乏独立生活和处理问题的能力。或者你由于自卑，在日常交往中，不自觉地就总把自己放在配角位置，心甘情愿地受他人的支配，这也是严重的依赖心理。总之，这些特征概括来讲就是在心理成长上不够自立、自信、自主。

李丽芳是重庆某中学的一名学生，中考过后，她对自己的估分感觉还不错，估计上市里她心目中的那所重点高中是没有问题的。然而

在兴奋之后，她又泛起了淡淡的焦虑。她家离市区比较远，如果到那里上学的话，肯定就要住校了。那么她发愁的问题就是，要离开家人，离开妈妈了，自己的生活该怎么办呢？因为从小到大，她除了在学校认真学习，学业成绩很好外，什么都不会做。不会洗衣服，不会照顾自己，从来都是饭来张口，衣来伸手。甚至连要穿什么衣服她也经常向正在厨房忙碌的妈妈喊："妈妈，我今天穿哪件衣服？""妈妈，穿哪条裤子？""穿哪双鞋？"。马上就要单飞了，李丽芳隐隐感到对即将开始的新生活的担忧和恐惧。

像李丽芳的这种情况，青少年朋友们的生活中肯定也不少遇到。这一方面是由于教育体制的原因。许多莘莘学子，在寒窗苦读十来年中，都沉浸在学习分数的拼杀上，往往忽略了自立自理能力的培养。所以，面对人生的第二次断乳期，李丽芳出现的恐惧依赖心理似乎也是在情理之中。心理专家分析，中学生的依赖心理主要表现在两个方面：

第一，凡事没有主见，总觉得自己能力不足，难以独立，处事优柔寡断，遇事总希望父母或师长为自己作个决定，想个办法；

第二，总喜欢和那些独立性强的同学交朋友。因为自己希望能在他们那里找到依靠，找到寄托。在学习上，喜欢让老师给予细心指导，时时给自己提出些要求。否则，自己就会茫然不知所措。而在家里，一切都听从父母的安排，甚至连自己的穿戴也没有自己的主张和看法。

专家分析，对于你们的这种依赖心理，如果不能得到及时纠正，发展下去就有可能形成依赖型人格障碍。因为依赖心理是一种消极的心理状态，它会对中学生个人独立人格的完善、自主性、积极性和创造力的发展造成不利影响。人总是要独立生活的，依赖性过强的人在需要独立时，可能对正常的生活、工作都感到很吃力，内心缺乏安全感，时常感到恐惧、焦虑、担心，很容易产生焦虑和抑郁等情绪反应，这些都会影响到身心健康。而且，通过生活中的例子我们也发现，依赖性较强的你在长大后一旦失去了可以依赖的人，往往就会不知所措。所以，当你开始跨入青春之门的时候，一定要具备一种独立意识，正所谓"自己的事情自己干"。

自己的事情自己干，无需依赖他人

人是万物之灵，而人之所以能够脱离动物界成为万物之灵，就是因为人类身上所特有的独立性。你要意识到，一个依赖别人的人，其实就意味着放弃对自我的主宰，这样的人容易失去自我，在遇到问题时，容易人云亦云，随波逐流，这样往往就不利于自己独立人格的形成。

那么，面对自己的依赖心理，你们究竟该如何改正，如何做起呢？首先，你们要认识到，依赖心理的形成是一个长期的过程，并且它是多种因素相互作用的结果。所以一个人要想克服自己的依赖心理，也并非朝夕之事，而是应该多角度、长时间地攻克它。具体来说，应该先从以下两方面做起：

第一，正确认知自我，充分认识到依赖心理的危害。

每个人都有自己优点和缺点，只有正确的认知自我，才能在发现自己的缺点和缺陷时，不把它们当成包袱背起来或是压在心头，才不会否定自己、肯定他人，对他人形成依赖。而要做到这一点，则必须先在心理上接纳自己，肯定自己，相信自己可以独立，自己的事情完全可以自己干。

第二，自己的事情自己干，逐渐增强自信心。

要克服依赖心理，最重要也最为关键的一点就是：自己的事情一定要自己做。就算是自己没有做过的事情也要锻炼做。从你决定要克服依赖心理的那一刻起,你就要纠正平时养成的习惯,提高自己的动手能力。比如平时在学校中,可以主动要求担任一些班级工作,使自己有机会面对问题,独立地去拿主意,想办法,以增强主人翁的意识。在学习上,多向独立性强的同学学习,不要什么事情都指望别人,遇到问题要做出属于自己的选择和判断,加强自主性和创造性。除了学习之外,还要多参加集体活动,学会去帮助他人,以增加自信心。在家里,自己能干的事情一定要自己干,千万别什么都推给父母,自己当个"小地主"。

没错,生活中,我们每个人都会需要别人的帮助,但别忘了你们也要发挥自己的主观能动性,大事可征求他人意见,但那也仅供参考。当你真正从对他人的依赖关系中解脱出来的时候,你就会有一种感觉,一种踏实的感觉,它让你感到一种自信的力量,让你享受到自主、自立给自己带来的喜悦和鼓舞。而那时,依赖心理也就无从立足了。

4. 克服虚荣心理

所谓虚荣,是指表面上的风光无限而内心却是畸形痛苦的一种不良心理。青少年的虚荣心是一种追求虚表的性格缺陷,是一种被扭曲了的自尊心。过分的追求虚荣是道德责任感的一种不良的心理反应,其本质是谋私利己的情感反映。每个人都需要自尊,都希望得到他人和社会的认可。但是,虚荣心强的人往往不是通过自己实实在在的努力,而是利用撒谎、投机等不良手段来获取虚名的。

虚荣就如浓厚的乌云,它会挡住灿烂的阳光而使人蒙受虚伪的阴影;虚荣如波涛汹涌的河水会冲断人生的桥梁,使人犹豫不决、徘徊不前。据调查统计,大多数青少年朋友都有虚荣心的表现。这种现象严重驱使了你的心理，使你们丧失了生活的基础，被扭曲了的自尊心呈现出了过分的虚荣表现，这是他们追求虚表的性格缺陷，从而使你们陷入勾心斗角的氛围中，因为一个人的虚荣心和另一个人的虚荣心是不能共存的，这是为了取得荣誉而表现出来的一种不正常的社会情感因素。

虚荣心理，有害无益

你一旦有了虚荣心，就如夏天突然袭来的狂风暴雨，它会毫不留情地吹走你的谦虚谨慎、自知之明、沉着稳健，以及那颗纯洁明静的心。它会给你带来骄傲自大和盲目追求的心理，让你像棉絮那样漂浮不定，始终找不到目标，到最后你还是失败了。青少年朋友，不妨翻阅一下历史，从中你就会发现许多因为虚荣而功败垂成的人。

孔雀是动物界里最美丽的，它有金黄和青翠的长尾，这一点是任何画家都难以描绘的。孔雀生性爱忌妒，它要是看见别的动物穿着华美了就会去追啄它们。孔雀很珍惜自己的尾巴，在深山老林里栖息的时候，它首先要选择搁置尾巴的地方才安身。

有一天下雨了，雨水打湿了它美丽的尾巴，捕鸟的人马上就要过来了，其他动物都不约而同地飞走了，可它还是只顾自己美丽的长尾，不愿意飞走，最终被捕鸟的人捉住了。

故事中的孔雀就是为了贪图虚荣而送上了自己的性命。其中也隐喻现实生活中的人们为了那些没有意义的美好理想而牺牲了自己的生命和自由。这些行为都是虚荣心过度的表现。

有着强烈虚荣心的人，总根据个人的私欲去追求一种表面的、暂时的、虚伪的效果，甚至弄虚作假、敲诈骗取，这种不理智的行为完全丧失了自身的存在价值，其目的就是为了取得荣誉和引起别人的注意，进而得到周围人的赞赏和羡慕。简单地说，虚荣就是对道德荣誉的一种反动表现。

你们产生虚荣心的原因有以下几个方面：

1. 爱面子。处在经济繁华的年代，有很多青少年朋友都非常爱面子。你们会在朋友或同学面前说出很多不合实际的话语，你们也会为了实现自己的话而做出许多不合常理的事情来。这种现象严重影响了青少年的道德观。

2. 攀比心理。攀比心理对你的身心健康是极为不利的。你盲目的和其他同学攀比，这种现象很容易使青少年产生自卑、失落、嫉妒等负面情绪，在攀比之下其心理很难得到平衡，就会不断地埋怨自己，认为自己无能。越是这样就越掩盖自己的缺点，然而其虚荣心就越强烈。

3. 不良性格导致。你比较外向，性格活泼开朗，比较善于交往。因此，这种类型的你为了引起别人的注意，喜欢在公共场合中表现自己、也就是爱出风头。而那些性格内向的青少年，由于不爱说话，但又害怕别人瞧不起自己，于是经常说出一些虚荣的话来掩饰自己不自信的内心，为了得到他人的信任就会做出虚荣的行为。还有你因为学习成绩不好，就会用夸耀自己的家里很有钱等方式来获得心理的平衡等等，这些不良的行为严重地恶化了青少年朋友们的纯洁心灵。

4. 不正确的价值观。在你对道德品质认识的不够深，对人格的重要性不明了的状态下，就会盲目地追求或显示自己的虚荣心，这种庸俗的思想行为往往只能迎来鄙视的目光，而受不到别人的尊敬和信赖。

摆脱虚荣，完善自我

从心理学的角度上来看，虚荣心是一种追求虚荣的性格缺陷或被扭曲了的自尊心。每个人都有自尊心，并且都希望能得到别人的认可，这是正常的心理需求。换个角度来看，虚荣心是不道德的社会心理病态，它常常使青少年们做出不良行为。因此，青少年朋友克服虚荣心是非常必要的。

1. 你要认识虚荣心的危害。虚荣心较强的人，在心理上往往是自私、虚伪、欺诈的，这种表现与谦虚谨慎、不图虚名的美好品德是格格不入的。这种人从来都不思进取，对于自身的缺点总是想方设法去遮掩，而不是去改正。他们会为得来的赞赏而沾沾自喜。

2. 你要把握好攀比的分寸。你要保持清醒的头脑，面对现实、实事求是，根据自己的实际情况出发，认真地处理自己的事情。摆脱那些过于虚荣的心理困惑，克服盲目攀比心理。不要因为自己的某方面不如别人就靠试图找自己的长处来掩饰，要学会正视自己的不足，要知道立足于社会不是通过攀比个人价值来实现的。

3. 你要树立正确的荣辱观。在这个社会上，对于自身价值的实现是离不开社会现实的需要，青少年必须把对自身价值的认识建立在责任感上，对于那些荣誉、地位、得失要用理智的心态来面对。人生在世，要有一定的荣誉与地位这是正常的心理需要。但是，一定要正确理解权力、地位及荣誉的真正内涵。才能从中获取人生中最重要的东西。

4. 你要有高尚的道德情操。你的高尚情感，要用道德品质来规范自己的言行，用高尚的道德品质或人格来战胜虚荣心，洁身自好，重品德。同时青少年朋友们还要正确对待失败和挫折，必须要从失败中吸取教训，从挫折中总结经验，并通过自己的艰苦奋斗，努力克服前进道路上的困难和障碍，树立起高尚的道德情操，这样才有可能实现自己的远大理想和抱负。

最后，你战胜虚荣心的主要方法就是要不断提高自己的修养、完善自己的人格、在困难和挫折中总结经验，从而走向人生的最高点。

对于虚荣心的克服，将使你们对自身的认识和改造上升到一个新的高度。当你们认识到了实实在在的自己之后，就会感到自己的奋斗似乎有了更明确的方向和更充实的动力了。

5. 克服害羞心理

羞怯是青少年常见的一种逃避行为，它的表现形式是多种多样的。经常看到这种现象：有的人在路上碰到熟人因怕羞故意躲避；有的人不敢在大庭广众之下讲话，一讲就会手足无措、面红耳赤。在心理学上都称为怕羞心理。

羞怯的心理每人都会有，只是轻重不同而已。从心理学角度看，羞怯是内心深处的胆怯、自卑、不自信等常见的外在表现。时间久了，会形成紧张、焦虑、恐惧等不良情绪，这种情绪会潜移默化地影响你们与他人的沟通与交流，使你们得不到健康的成长。

害羞心理——自己与自己为敌

你们产生羞怯心理大多数是由于性格内向，怕见生人，不愿与他人交往，不愿与同龄人一起玩耍，不愿在公开场合抛头露面，总是喜欢一个人默默地呆在一旁，尽量不引起他人的注意。经心理学家研究表明，青少年进入青年期以后，不仅注重自我形象，而且还注重别人对自己的看法，关心自己在人们心目中的形象。但如果这种过于超出常态，久而久之，便会成为一种心理上的束缚，以致不恰当地约束自己的言行，怕与人交往，怯于在公开场合讲话。即使在和他人交往时，也会表现的无所适从、语无伦次，不但不能畅所欲言，反而过多地约束自己的言行。有时在和朋友交谈中不能坦率地表达自己的思想感情，造成难以与他人进行正常的交流和沟通。

"小凯从小就非常内向，平时见人就脸红，更为严重的是，几乎不敢在课堂上回答问题。每当老师上课提问时，他都把头埋在书里，不敢抬头与老师的目光对视。而一旦被叫起来回答问题，就站也不是，坐也不是，有时还浑身发抖。一次班会上，老师要求他上台给大家唱首歌。他低着头半天发不出一点声音，虽然大家鼓掌给他鼓励，但最终他还是一声不吭地从台上跑了下来。"

随着你的年龄增长，有的青少年朋友在心理开始产生各种各样的思想烦恼。然而，羞怯就是主要原因之一。青少年产生羞怯心理的具体原因如下：

1. 家庭环境的影响。据有关人士调查，大多数有羞怯心理的青少年。因父母自己就存在羞怯情绪，有时，在别人面前说话或办事表现得畏畏缩缩。另外，因为父母经常打骂或责备你，这样不仅使你缺乏交流和亲情，还会让你觉得自己低人一等，由此产生羞怯自卑的心理。

2. 害怕心理。有的青少年朋友特别害怕别人的亲近，对别人不信任、多疑，担心接触多了被别人知道自己的内心世界。

3. 个性差异。因为你们每一个人的个性气质都不相同，有的内向、害羞、退缩；有的则是活泼、大方。如果你生性内向、害羞或胆小，必然比较容易怕生。

4. 对环境的适应。对现在激烈竞争的社会环境不适应，缺乏特殊的社交技巧，无法进入社交氛围，从而产生羞怯的心理。

5. 缺乏自信和实践锻炼。有些人总认为自己没有迷人的外表，没有过人的本领，属于能力平平之辈，因此他们在交往中没有信心，患得患失。长期的谨小慎微不仅使你们体验不到成功的喜悦，而且使你们更加不相信自己的能力。加之多数你们的学生生活环境比较顺利，缺乏实践锻炼的机会。这些往往是导致害羞的重要的原因。

坚定信念，克服害羞

害羞不能成为一生的负担。害羞的人可以尝试着融入一个新的社交环境，逐渐克服害羞心理。那么，应如何帮助青少年克服害羞心理呢？

1. 提高自信心。你们羞怯的根源是你们看不到自己的优点和长处，总认为自己无知无能，害怕不能给别人留下好印象。其实，现实生活中，每个人都有自己的优点和缺点。你要善于发现自己的特长，并很好地发挥，从而提高自信心，克服羞怯心理。

2. 提高自己的社交技巧。羞怯的人，总会担心别人瞧不起自己而不去交友。这时，就应该多结交朋友，在生活中找个没有羞怯心理的伙伴作为自己学习的榜样。另外，还要多参加有益的公众活动，如果能够找到自己感兴趣的活动时，就会很容易摆脱羞怯。

3. 挖掘自己的特长，以使自己在某个领域中成为最优秀的。有很多青少年朋友因为孤陋寡闻、平庸无能，造成与别人没有话可说，并且对自己的成就也不欣赏。如果你在某个领域中掌握常人所没有的知识和技巧，就会因为自己的一技之长而增加自信心，从而，结交更多的朋友克服羞怯心理。

4. 勇于和别人交往。向经常见面但说话不多的人如邮递员、售货员等问好；与人交往，特别是与陌生人交往，要善于把紧张情绪放松。使用一些平静、放松的语句，进行自我暗示，常能起到缓和紧张情绪，减轻心理负担的作用。

在这个世界上有很多著名人物都曾有过羞怯心理，如美国总统卡特及他的夫人、英国的王子查尔斯、著名的女影星凯瑟琳·赫本等都曾坦率地承认自己曾经是一个十分怕羞的人。可是，经过他们有意识的磨炼，最终克服了羞怯心理，取得了令人瞩目的成功，最后都成为了社交界的明星。所以，有羞怯心理的青少年，只要拥有坚定的信念，用持之以恒的态度，就能克服羞怯心理。

也许你们并不能一夜间就能完全克服羞怯心理，也许你们内心深处仍感到害羞。但是，只要你们能够不断和人们沟通，努力锻炼自己，那么就能拥有自信与大方的笑容。

6. 克服自私心理

自私是社会中普遍的病状心理现象。"自"是指自我的意思；"私"是指自身的利益；"自私"就是只顾自身的利益，不顾他人、集体和社会的利益，这是一种病态社会心理。一般有自私心理的人主要表现在不讲理，把自己的东西看得最重要，不管别人的利益是否受到损害。

一般情况，自私的青少年朋友嫉妒心很强，心中只有自己根本容纳不下别人。黑格尔曾说："嫉妒是平庸的情调，是对卓越才能产生的反感"。如果谁的能力比你强并取得了好成绩，甚至容貌、身材等超过你，你就会感到不舒服，就会想办法诬陷或为难比你强的人。这种不良的心理现象害人又害己，严重地影响了你的身心健康。当周围人的本事比自己强时，或取得了好成绩时，你都会感到难受而老想方设法诋毁、诬陷、为难比你强的人。

自私心理，损人利己

自私的人会斤斤计较个人的胜败得失，整天处于小算计之中。如此一来，就难以把目光投向远大的人生目标，自然也就难成大气。也就是说自私会消磨意志，使其不会有大的作为。

自私会损害同学之间的人际关系。一个过于自私的你是不会乐于帮助别人的，因此你也往往不会得到别人的帮助，得不到关心和爱护，相反，很多同学和朋友可能因为你过于自私而疏远你、蔑视你、敌视你。这样，自己就会觉得孤立无援，就会丧失对学习、对生活的乐趣。自私的你即使对父母也是自私的。现实生活中有很多人在成家后，仍然缺乏对父母的孝心，仍然算计父母的为数不少。

韩女士感冒发烧好几天了，全身一点力气也没有，女儿不仅没关心问候她，每天还像往常一样等着她做饭、泡咖啡、冲牛奶，而且不管费事不费事，仍点着要做她平时爱吃的饭菜。她想责怪女儿不懂事，但一想到女儿每天学习那么紧张，嘴边的话就没说出来。但让她没想到的是，星期天女儿突然来了兴致，要去郊游，还生拉硬扯着要母亲陪她一块去。韩女士此时头晕无力，对女儿说："娟子，妈实在去不了，妈妈下地走几圈都没力气，要不你自个去吧。"谁知女儿一跺脚，任性地说："妈！你平时不总说是为我活着嘛！我就要你去！叫我一个人去游东湖，想照张相还得求别人，一点儿意思也没有！"

韩女士说："娟子，妈真的去不了。"

"去不了也得去！"女儿蛮横地说。

母亲拗不过女儿，只得陪女儿一起去十几公里外的东湖，结果回来就住进了医院。

自私是一种自我保护的本能，是一种下意识的反应。青少年朋友大多数都有不同程度的自私倾向。有人说自私是人的本性，与心理不健康没有关系，多是受"人不为己，天诛地灭"观念的影响。其实，有自私心理的青少年朋友主要是因为当周围人的能力比自己强时或是取得了好成绩，你内心会感到很难受，就会想方设法诬陷、诋毁、为难比他强的人。这些多是因家庭教育方式的不得当和社会的消极所影响，导致有些青少年朋友一直停留在有我无物的阶段，并没有把主观原因和客观原因统一结合起来。这种以自我为中心的意识在你的行为表现上都是自私和没有责任感的表现。

你们自私心理的原因：

1. 嫉妒别人。一般自私的你嫉妒心很强，对别人的不满心理很是生气，想着别人这样了，为什么我就不能这样。这就严重影响了你的心理健康了。

2. 家庭环境的影响。现在的独生子女几乎都不同程度地具有自私的问题。由于是家中唯一的子女，于是集母爱于一身，甚至垄断了父母的整个身心。家里有什么好吃的东西都先尽你一个人享用，有什么要求家长就尽量满足，久而久之，自然而然地使他养成了自私的毛病。加之没有兄弟姐妹，缺乏合作、分享、谦让、奉献等集体生活的经验，容易形成以自我为中心的思想观念。

3. 受父母的言谈举止。成长的时期的模仿能力都很强。有这样一则笑话，一对夫妇对自己的儿子百般疼爱，而对父母却万般挑剔，有一天，这对夫妇恶劣行为被他们的儿子看到了，孩子大声叫着说："我记住了"，父母紧迫地问他记住了什么，儿子说"记住你们怎样对待爷爷奶奶，长大了我就怎样对待你们。"父母一时不知所措。由于可见，成人自私的言行严重地影响了青少年自私心理的形成。

4. 社会原因，现在的社会中，流传着这样的话：人不为己，天诛地灭。这确实是一种普遍的现象。如果你不自私，那么就会被别人抢先或者是自己根本就没有机会，而你的认知不是很强，很容易受这种思想的影响。

调试自私心理，拥有宽阔心态

自私是不健康的自我观念。自私就是站在自身的利益上考虑问题，把自己的利益和意愿放在首位，从不顾虑别人的感受，更有甚者会为

了自己的利益而不惜一切代价伤害他人的自尊或荣誉。多表现在心中狭隘、斤斤计较、缺乏同情心和爱心等。

自私这种病态心理严重地腐蚀着青少年的心灵。因此，你要学会调适自私的心理。

1. 培养自身的集体荣誉感。自私是指自身的言行举止只考虑自己的利益，不顾及社会和集体的利益。有这种心理的你，往往集体观念比较弱，只为个人的前途和利益着想。如果你能通过自省，来反思自身的某些心理现象，从自己自私行为中看到不良后果和危害，从而改正自己的错误，处处为他人和集体着想，尊师守纪，勤奋学习，慢慢地就走出自私的心理。

2. 取消自己在家中的"特殊"地位。在日常生活中，尽量不要给自己一些特殊的待遇，对于你们的需求只是适当地给予满足自己，让自己知道所有的人都是平等的，久而久之，就消除以"自我为中心"自私心理。

3. 要学会尊老爱幼。你在享受时要先考虑长辈，比如在吃饭时，为长辈夹菜，舒服的位置让给长辈坐；别人对自己服务时要对此表示感谢；如果别人遇到困难时，自己要尽可能给困难的朋友提供帮助。多做一些好事，在自身的行为中纠正以前那些自私的心态，从他人的认可和赞同中获取乐趣，使自己的心灵得到净化。

4. 与朋友一起玩耍。在和朋友一起玩时，把自己的玩具和图书拿出来，和朋友一起分享，时间长了，就会养成团结友爱、相互谦让的好品德。

5. 自己不要无理要求。有时候你会提出一些无理和不切实际的要求，此时，自己必须克制自己。

6. 要主动承担家务劳动。你在家时要多做些力所能及的家务劳动。例如：整理自己的房间、洗衣服、为下班回来的爸爸妈妈倒杯热水等。这样不仅能体验到父母的艰辛，还能培养自己热爱劳动和独立自主生活的能力，从而克服自私的心理，让自己拥有一个宽阔无私的心态。

要克服自私的心理，就要提高自己的涵养，树立正确的人生观，遇事多考虑点别人，少想点自己，不要认为别人活着都是为了自己。要学会宽容别人，谅解别人，不要自以为是，对别人给自己的伤害不要总是寻机报复，而应该宽博仁爱，与人为善。

7. 克服自闭心理

自闭是青少年走进青春期最常见的现象。通常情况，自闭的人表面上对生活中真正打动他们内心的人或事，装作视而不见，但内心却充满了矛盾和痛苦，并又强烈地渴望得到别人的理解和信任。这种由自闭心理所产生的痛苦，远远比其他痛苦更令人难以忍受，甚至会产生消极情绪，甘于堕落。

青少年朋友们造成自闭的原因是随着你们身体内部性本能的启动，如少女的月经来潮、少男的遗精出现以及身体外形和第二性征的变化，使青少年不断产生苦恼，也使他们经历了以前从来没有过的内心体验，在你们身上充满了自己无法解答的谜。此时的你意识到自己的软弱，一方面想努力掩饰它，同时又希望能找到倾吐的对象和安慰，这实质是自我意识薄弱的流露。

自闭——对自己无形的惩罚

由于自我意识的不断发展，你开始把注意力集中在自己的内心感受上，从而意识到自己的思想、情感和其他不同于他人的心理特点。

同时，由于社会生活经验的逐渐丰富，你们开始意识到人与人之间存在着心心相印和心理不相容的差别。你们愿意对"知心朋友"倾吐自己内心的秘密，瞧不起那些用导师的口吻对你们说话的人，并且不愿意与这种类型的人进行交流并透露自己的内心世界，长期以来便形成了自闭心理。

有一个叫李刚华的学生是班里的三好学生，他本身有点口吃，因为一次语文公开课，他不能顺利地回答老师的问题，使同学哄堂大笑，老师叫他以后上课不要发言。此后，李刚华就对什么都不感兴趣，独自烦恼，从不跟别人讲话，把自己封闭起来，有时还把怨气发泄于砸烂公物，写攻击老师的标语等行为上，一年后，他从一名三好学生变为班上的差生。

李刚华的转变就是在向我们说明由于某种原因所造成的自闭是极为不利于你们的身心发展的。

如同李刚华或其他各方面的因素造成自闭的青少年朋友们，虽然在生活上仍和过去一样，你们在父母和朋友中间，却时常感到莫名的孤独。你们感到虽然可以与周围朋友谈论共同的话题，但对自己来说最本质的问题是谁也不能理解自己。虽然可以向父母长辈倾诉自己的困惑，但又可能因此而暴露自己的内心秘密。于是有相当部分的你开始把心里话"对自己说"或"对日记本说"，向同学和师长隐匿秘密。不仅如此，你们还往往把一切弄得都很神秘，你们希望有单独的房间，要有能上锁的抽屉，在夜深人静之时，在属于自己的小天地里冥思苦想，探索自己的秘密以体验新的价值，逐渐认识自己。

另外，由于你们这段时期不仅身体上有了变化，你们的心理也在随着身体的变化而变化。从年幼无知的儿童到身心发育的你们，懂得了什么叫面子，什么叫自尊自爱。人类的内心世界本来就是由细腻的感情凝聚而成的，而这种感情又如此脆弱，你的感情更是如水晶一样不堪一击，别人的一句话，一个动作有时都有可能给你们造成巨大的伤害。因此，你们产生自闭心理的原因如下：

1. 是由于逃避心理所产生的。你的自闭行为与生活中所受的挫折有关，因为你从小在家里娇生惯养，在生活和学习遇到一点挫折和打击后，在精神上就觉得受压抑，觉得周围的环境逐渐变得陌生并不可接受。因此，你们为了掩饰自己的孤僻、紧张、焦虑心理，常常远离公众场所，把自己躲在阴暗的角落里，由于不与人交往从而产生自闭心理。

2. 不愿与人沟通，常常怀疑别人。这种类型的你不相信别人，对老师和同学抱着怀疑的心态，对他们缺少信任感，存有冷漠、戒心尽量想方设法逃避眼前的一切，不愿意与同学打成一片，害怕与老师接触，不愿意与别人沟通。你们只愿意与自己交谈，比如写写日记，就这样自己把自己封锁起来。

克服自闭，放开心灵

你们产生的自闭心理，往往与家长及老师的交往之间划起了一道鸿沟，使家长和老师开始摸不清你们在想些什么，便产生了亲子关系紧张，师生关系紧张，影响学生间团结，给教育带来障碍，同时也阻碍了学生自身的心理健康发展。那么，怎样才能帮助自己克服自闭心理呢？其方法如下：

1. 语送春言，以目传"情"。有关学家研究表明：在和家长及老师的沟通时，都能解动你们的心灵，并产生巨大的感召力，诱发自己回到集体，走出自闭。

2. 主动关心你们自己。对于自身封闭的你，要细心地观察自己平时的学习、生活及交往的情况，留意自己在某方面的不足及困难，并及时地学会关心自己。

3. 情感沟通。情感沟通是打通家长或教师与你们心灵的桥梁。情感可以化为巨大的沟通力量。你们要多去亲近和信赖、理解别人，理解家长或是老师，让家长及教师对你抱有好感，从心理上持欢迎的态度。"亲其师而信其道"。事实上，自闭的你本身的排他心理，使自己难以与他人进行良好的沟通，情感受到压抑。所以你自己要学会融化你们内心深处的坚冰，引燃自己心灵的火焰，并消除你们对别人的戒备与敌意，从而使你们的自闭心理慢慢的被燃烧掉。

4. 多进行适当的交往。自闭的你会害怕与同学、家长、朋友、教师交往接触，因而也就缺少交往的成功经验，常常使自己处于人际关系交往中的恶性循环的被动局面。所以，培养自己的成功交往经验也应从交往开始：多主动地和别人进行交流，了解别人的内心想法。有意识地去靠近别人。如：对别人平等、互助、坦诚相待的观念，微笑、倾听、赞美、自控的技能等，以此来提高你们的交往能力，发展个性品质，从而打开你们的封闭心理。

5. 正确地理解自我意识。自我意识就是你们意识到自我以及自我与外界的关系，并通过自身的改造，达到个人实现或完善的过程。其中，自我意识的具体表现便是自尊心及自信心。自闭心理的青少年，无法把自我认识、评价、体验与同学比较，协调一致，难以形成正确的"自我"概念。对自己缺乏自信。若家长及教师能用同情的态度，疏通自己的封闭心理，促成于你们于别人之间的良好交流，便有利于消除你们的自卑心理，从而走出自闭。

6. 以己为榜。要在认知中了解自己，做到以自己为榜样去和别人进行沟通。这样，向别人提供了良好的自己的形象，别人会主动跟自己交往，自己的自闭心理也就此消失了。

而作为青少年,应信任自己的老师和家长,理解他们的一片苦心。要知道你对别人这样的封闭,怎么会取得别人的理解呢?如果这时父母进入更年期的话,自己对问题的隐瞒封闭,常会加重他们的误解和猜疑。正确的方法应该自己找到解决自闭心理的方法。以达到帮助自己顺利地渡过这一动荡时期。

解决自闭心理问题还需要回到人际交往的轨道上,只是尽量避免可能伤害自己的情形,尝试新的与人交往的方式,找到适合自己的,并且不会伤害自己与他人的方式,找到了,也就能走出来了。

8. 克服狭隘心理

狭隘,也就是人们常说的气量小,心胸狭隘。狭隘心理是许多不良个性的根源,如:嫉妒、猜疑、孤僻、神经质等。目前,青少年普遍存在着心理脆弱的现象,经有关专家研究,其根源多是来源于心胸狭隘。

青少年的狭隘心理主要表现是,当你们受到一点困难和委屈便会斤斤计较、耿耿于怀。有些青少年朋友听到老师或父母两句批评就接受不,甚至失声痛哭。你们只能听好听的而不能听坏的,只能接受成功而不能接受失败,如果稍微遇到一些坎坷和不如意,就出现过激行为导致害人又害己。你对学习和生活中的一点小失误就寝食不安,自认为是莫大的失败和挫折。心胸狭隘会降低人忍受挫折的能力,情绪也不佳,无法健康的与人交往。因此,狭隘是有百害而无一利的,所以,你要改变这种不良的性格。

狭隘心理,害人又害己

具有狭隘心理的你很容易出现认识上的片面性,看问题绝对化和极端化，一有问题就固执己见，容不下有悖于自己观点的人或事，稍不如意就发脾气，导致情绪上的冲动和行为上的莽撞。有的把攻击对象指向自己，出现自卑行为；有的把攻击对象指向别人——同学和老师，出现暴躁、敌对情绪，甚至做出过激的行为。容易把目光投向自己，以自我为中心，唯我独尊，固执己见，处处都从自己的利益出发，在平常的人际交往中极力排斥"异己"。容不下别人比自己强，嫉妒超过自己的人，你们往往只愿意与不如自己的人交往，其结果导致自己交际圈缩小，失去向别人学习长处的机会。时间长了，必然带来孤独、寂寞和空虚的困扰。如果这种个性缺陷恶性膨胀，容易导致心理障碍。

肖岩在他们班上是个学习尖子，各门功课的成绩都名列前茅。但是，他为人心胸狭窄，心眼小，整天疑神疑鬼。同学说句悄悄话，他怀疑人家是否是在说他的坏话。老师在讲课的时候偶尔多看了他几眼，他疑心老师是不是对他有了成见。有一次班上组织郊游，老师开始说让肖岩负责总策划，制定游艺活动的具体方案，包括英语猜谜、智力排雷、诗词联句和攀登高峰等。后来老师考虑英语猜谜的难度比较大，肖岩的英语比较好，就让他专门负责这一项活动，而让他同桌的女同学章孟担任了总策划兼活动总指挥。肖岩怀疑一定是章孟给老师说了他的坏话，他才失去了这次表现自己才能的绝好机会。

你在成长的过程中受多方因素的影响而形成狭隘心理，这一现象严重影响了你们的学习和交往，成为身心发展的障碍。

1. 家庭因素

你狭隘思想的产生同家庭中不良因素的影响有很大关系。父母狭隘的心胸，为人处事的方法，不良的生活习惯等对子女有潜移默化的影响。有些子女狭隘的性格完全是父母性格的翻版。另外，优越的生活环境、溺爱的教育方法往往易形成子女任性、骄傲、利己主义等品质，自然受点委屈便耿耿于怀，对"异己"分子不肯容纳与接受。

2. 没有宽阔的思想而产生的狭隘心理。你由于年龄小，缺乏与社会的接触机会，由于没有丰富的知识经验和生活经验，当你们遇到问题时，容易把事情想得过于困难和复杂，由于看问题的绝对化和极端化，加上自己的能力有限，又不懂得向成年人求助而固执己见，听不进别人给予的观点和意见，稍不如意就在情绪上就出现冲动和莽撞行为。有的青少年朋友还把攻击对象指向自己，因此，容易产生紧张、焦虑、暴躁、敌对的情绪，严重的还会出现自伤的行为，最终导致伤人又害己。

3. 不良的行为影响而产生的狭隘心理。有狭隘心理的你只把目光投向自己，你们有唯我独尊、固执己见的态度，做任何事情都从自身的利益出发。因此，在交往过程中极力排斥"异己"，结果孤苦伶仃的一个朋友也没有。心胸狭隘的人在心里容不下超过自己能力的人，他们只和不如自己的人交往，追求少数朋友间的"哥们义气"，结果因为交际圈子小，出现孤独、寂寞和空虚的困扰，最终形成不良的心胸狭隘心理。

4. 长时间的生存封闭的环境。每个人的心理都是对客观现实动力的反映，然而，人的性格和品格都是由生存环境相互影响的结果。如果一个人与环境的交流越多，那么你的开放心理就越大，心胸就越开阔；如果一个人生活在封闭、抑郁的环境中，那么，你和环境的交流就会越少，久而久之，思想和胸怀就会产生狭隘。

克服狭隘，开阔心胸

心胸狭隘的人，往往只听得好而听不得坏，稍遇挫折、坎坷和不

如意，就容易出现过激行为，导致对自己，对他人的伤害，同样也会带来巨大的损失，可以说是百害而无一利。那么，你们应该去如何克服狭隘心理呢？

1. 加强人生观的教育。生活在这个世上，就要充分地挖掘自己的潜能，为社会做贡献，给别人留下一点有价值的东西。一旦把眼光放在大事上，自己一时的得与失则算不上什么，对整体、全局有利的人与事就都能容纳与接受，使眼光从狭隘的个人圈子里放出去。抛开"自我中心"，就不会遇事斤斤计较，"心底无私"才能"天地宽"。

2. 确定一个积极的生活目标。作为青少年朋友，自己应为自己确立一个积极的目标，把眼光放远一些，自己的得与失也就不算什么了，遇到事情也不会斤斤计较了。

3. 增强自身的集体荣誉感，你在进行人际交往时，与别人相处要热情、直率，要善于团结友爱、相互帮助，要真正地溶入到大集体中。经过彼此间的了解和沟通，你会更透彻地了解自己，开阔心胸、积极快乐地面对每一天。

4. 要勇敢地面对困难和挫折。你在成长的过程会遇到很多艰难和挫折，痛哭流涕是在所难免，但是焦急和忧愁并不能解决问题，还会对自身的健康也不利。因此，你在遇到困难时要学会积极地面对困难，冷静地分析其中的缘由，根据实际情况找出合适的解决问题的方法。这样，你就会在行动中感觉到自己的进步，狭隘心理自然就烟消云散了。

5. 开阔视野，拓宽心胸。休闲时，不妨走出校园或家庭，投入到大自然的怀抱中感受一下清新的空气。可以去看浩瀚的大海，也可以去登上高山，开阔自己的视野。同时，在野外多多了解大自然胸怀博大的知识，以此来感染和激励自己。

雨果说："世界上最宽广的是海洋，比海洋更广阔的是天空，比天空更广阔的，是人类的心灵。"倘若人人都能有宽广的心灵，那么人与人之间的交流也会变得美好而和谐。抛掉狭隘的心理，学会宽容，做一个心胸开阔的人，能够提升你们的人格魅力，避免或减少发生不必要的误会。

第二节 塑造良好性格

1. 学会坚强意志

坚强是一个人一生中必不可少的精神支柱。学会坚强，你会在这激烈竞争的世界中站得更稳。学会坚强，你才能从困难和挫折的废墟中解脱出来。学会坚强，在你痛苦绝望时给你增添生活的勇气和经验。

大卫说："受苦与我有益"。现在大多数青少年都是独生子女，在家娇生惯养。加上现代素质教育的改革，很多父母都一心追求高分数，为了让自己考上一所好大学，所有的家务父母都代劳，甚至连自己力所能及的事情也全部包办。这些现象严重地损害了你们的独立自主的能力。这种衣来伸手、饭来张口的生活使你们在生活中缺乏自主和坚定的信念。在学校，由于升学的压力及学校的管理制度过多过严，使你缺少自我教育及动手实践的机会。有很多青少年朋友的心理很脆弱，经不起一点挫折和打击，承受能力偏差，没有坚强的意志。如果你们到了新的学习环境中就难以适应新的生活，面对新的人际关系和环境感到陌生和害怕，最终导致中途退学的现象。因此，你要学会坚强，坚强在生活中是非常重要的，因为，苦难是人生的最大的财富，不幸和挫折可能会使人沉沦，也可能造就成一个人的坚强的意志，并成就一个人的辉煌人生。

弥补缺陷，锻炼坚强的意志

苦难是人生的一位良师，那些患难困苦是磨炼你们人格的最高学校。就像古人说的:"天将降大任于斯人也,必先苦其心志,劳其筋骨,饿其体肤,空乏其身"。现代的青少年朋友都是生活在一个富有的年代,优越的生活使你们不知道什么是贫穷和艰难。父母过分的溺爱使你们在困难面前束手无策。你要学会弥补自己的缺陷,用积极的心态面对问题,养成坚强的意志,勇敢地与困难作斗争。

我国著名的生物学家童第周,出生在浙江省的一个偏僻的小山村里。由于从小他的家境贫困上不起学,所以,他一直跟着父亲学习文化知识,直到17岁那年进入学校的大门。

在上中学时,由于他自身的基础差,因此,学业十分吃力,第一次考试他的平均成绩才50分。由于他的成绩较差学校命令其退学或留级。然而,他诚恳地向校长再三请求,最后校长同意他再跟班试读一学期,如果成绩还是那么差就自动退学。

此后,他就为这来之不易的机会奋力学习。于是,他常常与"路灯"相伴,五更时他就起来在路灯下读书;有时,晚上寝室熄灯后,他就到路灯下复习功课。终于,"功夫不负有心人",在期末考试时,他的平均成绩达到75分,数学还得了100分。为此,他被批准继续上学。

后来,他凭着自己坚强的意志,刻苦钻研、勤奋好学,并取得了卓越的成就。

从童第周的例子你们可以看出来,具有坚强的意志对一个人来说是多么的重要。如果他没有坚强的意志,他就会被迫退学。所以,对于现代青少年来说,坚强的意志在你的成长过程中具有相当重要的作用。

青少年朋友们在成长的道路上,需要克服许多困难,抵制许多诱惑,放弃许多享受,做到这些都需要坚强意志的支持。因为,坚强的意志和一个人受到的磨难是分不开的。所以，只有你经受住生活的考验和磨砺，才能拥有坚强的意志和顽强的毅力，才会在困难和挫折中表现得镇静自若、永不退缩。克服困难的过程就是意志活动的过程，因此，坚强的意志就是在不断克服困难的过程中锻炼出来的。

坚强面对生活，快乐自己

每个人都可以让自己快乐起来，但这是一个过程，你们可以接受在这个过程中的任何变化，但是，你们最终还是要学会坚强面对一切挫折与困难，让自己快乐起来，让自己真正活的有价值。

青少年朋友们，你学会坚强可从以下方面做起：

1. 做到持之以恒。你学会坚强就先要学会摆脱世俗的困扰。从小事做起、持之以恒，在一定的条件下，要正确取舍、认真做事，才能不负少年心。

2. 认真地面对失败。爱迪生曾经说过："失败是我需要的，它和成功一样有贵重的价值。"青少年要拥有坚强的意志，在享受成功的同时也要品尝失败的滋味。因为在人生道路上不可能是一帆风顺的，总会有许多的坎坷和困难。只有你认真地面对失败，才能具备坚强的意志力，才能克服前进道路上的种种困难。

3. 善于克制自己。你要自己坚持培养自身的坚强意志，还需要学会管理自己的情绪。为自己日常行为做个有条不紊的计划，然后，根据计划来管理或约束自己的不良行为，从而达到培养坚强意志的目的。

4. 在艰苦的环境中锻炼自己。著名的思想家卢梭曾说："如果人害怕痛苦，害怕疾病，害怕不测的事情，害怕生命的危险，那么，他就会什么也不能忍受的。"一个人的道德意志与品格是完全一致的，道德意志越强大品格的形成就越快。因此，坚强的意志是与克服困难相联系的。艰难、困苦和不幸是你们生活中真正的磨刀石，它是你们的力量、纪律和美德的最好源泉。所以，青少年朋友们，你们可以在艰苦的环境中锻炼自己，让自己学会坚强，克服困难，走向成功。

　　学会坚强就应该练就能承重的心灵，让它变得恬淡自然，不以物喜不以己悲。永远保持一份快乐的心态，把生活中的所有困难都看成是一种历练。风雨愈加猛烈，个性愈加坚强。调节好心态，坚强才是真实的，学会了隐忍，坚强才是有力的，相信经过了生活的磨砺，坚强会如影相随。

2. 做到热忱生活

　　热忱是一种发自内心的兴奋，深入人的内心的热情精神。热忱可以借由分享来复制，而不影响原有的程度，它是一项分给别人之后反而会增加的资产。你付出的越多，得到的也会越多。生命中最巨大的奖励并不是来自财富的积累，而是由热忱带来的精神上的满足。

　　成功的人和失败的人在技术、能力和智慧上的差别并不会很大，但如果两个人各方面都差不多，拥有热忱的人将会拥有更多如愿以偿的机会。一个人能力不够，但是如果具有热忱，往往会胜过能力比自己强却缺乏热忱的人。

热忱——成功的底蕴

　　热忱是一切成功的底蕴，也是一切企业家和追求物质幸福者必备的核心精神。没有热忱，不论你有什么能力，都发挥不出来。人类最伟大的领袖就是那些知道怎样鼓舞他的追随者发挥热忱的人。热忱也是推销才能中最重要的因素。热忱可以改变一个人对他人、工作以及对全世界的态度。热忱使得一个人更加喜爱人生。爱迪生曾讲过："一个人死去的时候，若能把热忱传给子女，他便等于留给他们无价的资产。"

曹南薇17岁时，正是知识青年上山下乡高潮。这一年，她患小儿麻痹，按政策不下乡，但是留城也找不到工作。那时还没有个体户。她没有父亲，和母亲相依为命。一天，曹南薇在报纸上看到关于"高能物理"的报道。17岁的她竟然心潮起伏，她把报纸剪下来，日思夜想。她想，高能物理这么重要，我能不能做点什么？就这样，她不经意地定下了自己的目标，并开始为这个目标而奋斗。

她把自己关在家里，一年又一年的学习初中、高中、大学、专业课程。十年后，到1978年，她27岁时，她的论文在国家级刊物上发表，引起了很大震动。随即，国家高能物理研究所接纳了她，让她的理想找到了更加广阔的天地。

在社会中，有多少像她这样的人，因为没有热忱和目标，别说到27岁、37岁，甚至一辈子都可能一事无成。

由此可知，热忱，使你们的决心更坚定；热忱，使你们的意志更坚强；热忱，是生活的源泉；热忱，是艺术的父亲；热忱，是伟大的母亲；热忱，是一种积极向上的力量，它促使你们立刻行动、排除万难，直到成功。

因此，青少年作为祖国的未来，作为世界瞩目的一代，要时时刻刻让自己的内心世界充满热忱，让热忱燃烧自己，带领自己走向成功的巅峰。

拥有足够的热忱拼搏努力

你在学习或做人方面要有足够的热忱，否则，将会被社会淘汰。那么你应如何拥有热忱呢？

1. 定一个明确目标

目标就是计划，给自己的人生确定一个你希望达到的场景，就是给自己一个活着目的。一活着的人只有知道自己想干什么，干什么样，人生才有意义，才会有冲劲，才会有热情，才会有干劲，也才会成功，而这个成功的过程就叫做热忱。

2. 为目的而努力拼搏

一个人有了目标，有了人生方向，还需要行动。不要空想，在你的脑海里即使你想到了千里之外，在现实生活中没有行动，最终的结果，只能是失败，也不可能会有热忱。因此，作为一个要想有所作为的青少年，要清楚地写下你的目标、达到目标的计划，以及为了达到目标你愿意做的付出，最重要的是马上行动。

3. 正确而且坚定地照着计划去做

行动，是开始做，但还没有成功，甚至只是成功的开始，如果中间你放弃了，那么证明你的内心已经没有了热忱，而你只有正确而且坚定地照着计划去做，才能到达成功，才能为培养自己的热忱加上一分。

4. 不要盲目地制定目标

爱因斯坦有句名言："兴趣是最好的老师。"青少年朋友们，你要善于激发自身的兴趣，并根据你的兴趣尽量搜集有关的资料，来慢慢地培养它，这样你就会逐渐对事物更加热忱。而不要盲目或者因一时兴趣为自己制定目标，那样的结果只能是失败，且把自己好不容易培养起来的热忱毁掉。

5. 目标不要太遥远

遥远的东西，是人能想到，却不一定办到的。青少年，在培养自己热忱品质之初，不要给自己制定太过遥远的目标，而是要脚踏实地，选择实际一点的。

诚实、能干、友善、忠于职守、淳朴——所有这些特征，对准备有所成就的你来说，都是不可缺少的，但是更不可或缺的是热忱——将奋斗、拼搏看作是人生的快乐和荣耀。

3. 学会与人宽容

宽容是中华民族的传统美德，也是现代青少年所必备的道德品质。宽容是人们生活中的快乐之本。宽容是一种仁爱的光芒及无上的福分，是对别人的释怀也是对自己的善待，你的心中能容得下多少人，你才能够赢得多少人。所以，多一些宽容，在生命中就会多一份空间和爱心。

宽容是藏在内心深处的爱心体谅，是一种智慧和力量。中国有句古话："海纳百川，有容乃大。"宽容不仅是对生命的洞见还是一种文明的胸怀。如果你宽容了别人也就等于宽容了自己，因为，它是一种非凡的气度和宽广的胸怀，它能包容人世间的喜怒哀乐；同时，也创造生命中的美丽和奇迹。所以，宽容是一个人具有涵养的重要表现。在生活中你只有学会宽容，才会明白很多道理，才不会在做人和做事时迷失自我。

拥有宽容之心，尤其重要

现在大多数青少年朋友都是独生子女，是家庭中的主导成员。因此，你们在过度溺爱的环境下，逐渐形成以自我为中心，凡事都以自己的利益为目的，其判断是非的标准也是根据自身的利益，你的这种不良表现都是缺乏宽容、同情和尊重的心理。这些过于偏激的思想和行为，都不利于你的身心健康及人际交往，严重地影响了他们健全人格的形成和发展。因此，你要拥有宽容之心是非常重要的。

杨丽是一个脾气暴躁，容易生气的人，朋友很少，令她时常感到孤独寂寞。有一次做课间操，解散后，她被同班的一个同学踩了一脚，那个同学赶紧向杨丽道歉，他点头、弯腰，连声说："对不起，真的很抱歉。踩疼没有？"还从口袋里拿出一包餐巾纸递给杨丽。可杨丽没有理会他诚恳的道歉，反而说："你眼睛瞎了吗？这么大一个人站在你面前，也要来踩，你脑子有问题吧？真是的。"骂完后，杨丽又瞪了他一眼，便愤愤地准备离去，这时周围的同学都愣住了，踩着她脚的那位同学被骂得满脸通红，杨丽听到有一位同学小声说了句："犯得着这么生气吗？只不过踩了一下脚，并且别人马上赔礼道歉了。没劲，走！"

宽容是中国人民的传统美德。古人有训："得饶人处且饶人。""吃亏就是便宜"、"退一步海阔天空"等等，均是这种精神的体现。

你要学会宽容可以赢得更多的朋友，更多的友谊，同时还会让你少一个敌人，因此，宽容是融合人际关系的凝固剂。法国著名的文学大师雨果曾说："世界上最宽阔的是海洋，比海洋宽阔的是天空，比天空更宽阔的是人的胸怀。"宽容不仅是美德，也是一种明智的处世原则。宽容对方就是接纳对方，就是把自己从困惑中解脱出来。宽容是幸福之源。它不仅仅是针对别人而言的，古人云："宽以待人，严以律己"。这足以说明在当今激烈竞争情况下，青少年不仅要学会宽容别人，还要学会宽容自己，用一个平和稳定的心态去迎接生活的挑战。学会宽容是做人的需要，更是成就事业的需要。

如果你具备了宽容的美德，那么生活将会展现给你最美的一面。佛经言："一念境转。"如果你选择了仇恨，那么以后的生活都将会在黑暗中度过；如果你时刻想着如何去报复别人，那么你就会整日愁容未展、心事重重；相反，如果你选择了宽容，放下心中的包袱，给对方一个灿烂的微笑，把阳光洒向大地，阳光也会照在你身上。因此，宽以待人、宽大为怀是中国的古训,也是一种美德,更是协调人际关系的润滑剂。

多一些宽容,多一份温暖

日常生活中,你难免会与别人发生摩擦,如果别人不小心踩到你的脚了,你应该大大方方地说声没关系;如果别人把你的笔弄坏,并诚恳地向你道歉,你应该露出宽容和微笑。在生活中有些事情能忍则忍、当让则让,忍让和宽容不是怯懦胆小的表现,而是一种坚强和智慧,是建立良好人际关系的法宝。

俗话说:"忍一时风平浪静,退一步海阔天空。青少年要想立足于当今社会并取得更好发展,首先就要学会宽容,它不仅能健全自己的人格,还提高自身的思想境界。

1. 容忍别人的缺点

青少年朋友应该明白,人人都有缺点和不足,只要不是特别过分,就应该理解和宽容。在学校和同学相处,要学会包容和忍耐别人的缺点。因为,自己也可能有别人讨厌的缺点,多一点包容也就是多给自己机会与别人好好地相处。世界上没有相同的两个人,每个人和每个人都不一样的,所以要学会容忍。

2. 不要记仇

仇恨可以蒙蔽人的眼睛,仇恨就是人心里长的一个毒瘤,它会随着仇恨的增长而在体内长大,仇恨的人不懂得如何去宽容别人。

3. 从小事做起

但凡成功的大事,都是从细小的事做起;困难的事,其实是由很多容易的事组成的。而宽容的人,始终不会计较名誉、地位,当然做事总愿做小事,所以总是把有好处的事情让给别人去干。同时,事情做成功了,也不把功劳归自己所有。没有做成功,也不沮丧,而是及时查找原因,逐步完善。所以说,只有你做好每一件小事,你也就学会了宽容。

4. 把复杂的事情简单化

作为青少年朋友,如果与一个性格特别执拗的同学在一起,两个人都不懂得宽容的时候,那么矛盾就会越来越深。其实,这样的朋友也没有别的毛病,只是性格太执拗。要想包容他,你就必须把复杂的问题想得简单一点,否则的话冲突会越来越激烈。

5. 善于理解别人

善于理解别人,以豁达的胸怀原谅别人。他人无意或过失伤害了自己,不予计较和追究,原谅、饶恕他人的错误和过失,哪怕是他人故意刁难自己,只要没有造成严重伤害,对方又表示了歉意,也应原谅、饶恕对方。

在素质教育的年代里,你要清楚地认识到健康心理的重要性。宽容是不受约束的,它就像天上下的细雨那样滋润大地,会带来双重的祝福。因此,在生活中多一些宽容,就会多一份温暖、多一份阳光。

4. 学会诚实做人

"诚者,物之始终。"《周易·乾》中讲:"修辞立其诚,所以居业也。"意为君子说话、立论诚实不欺,真诚无妄,才能建功立业。诚信,简而言之,即诚实、守信。"诚"乃指诚实、真诚和忠诚,要求表里如一,不自欺和欺人。"信"就是真实和信守诺言,要求"言而有信"。

我们说诚实是青年人事业的成功之基,其理由是:首先,青年人要想成功必须先成才,一个人在成才的路上,只有诚实,才能获得他人的理解、支持和帮助，诚实给自己创造了良好的外部环境，孤军奋战的人是难以成功的。其次，青年人诚实，才会善待自己，直面人生，全面审视自我，做到既不妄自尊大、自欺欺人，又不妄自菲薄、缺乏自信。只有正视了自己，才能扬长避短，确定正确的奋斗方向，逐步由小的成功走向大的成功。其三，诚实给青年人创造了良好的内在心境。诚信可以使一个人心胸坦荡，仰不愧天，俯不愧地，可以使一个人精神饱满，如沐春风，有创业的冲动，有干一番事业的激情。此外，大家都诚实，就能形成社会的良好环境和良好的世风，从而为建功立业的青年人创造条件，形成一种良性的互动。

诚实是你价格不菲的鞋子，踏遍千山万水，质量也应永恒不变。

诚实是一种成功的品质

从古到今，在人们的心中诚实就是公民道德的一个基本规范，是一个民族生存的灵魂，是一个公民立足的基石，诚实也是一个人迈向成功的阶梯。

乔治·华盛顿从懂事起，就很崇拜英雄人物。他想当军人，父亲告诉他："只有诚实，大家才能团结，团结才能战胜敌人，成为勇敢的军人。"

父亲不光言传，还很注重身教。在父亲农场里，有一颗小樱桃树，那是父亲为纪念华盛顿的诞生而栽种的。小乔治一天天长大，小樱桃树也一年比一年高了。华盛顿一心想长大做一名威武的军人。有一次，他打算做一把小木枪，把自己武装起来。他本想让父亲帮帮忙，可看到父亲成天忙于自己的工作，没有时间，于是决定自己动手。小华盛顿拿起锯子、斧子，找了一棵容易砍倒的小树，把它锯倒了。哪知道这棵树，就是父亲最心爱的那棵樱桃树。这下可闯了大祸。

父亲回来，知道了这件事，大发脾气，质问是谁干的。华盛顿躲在屋子里，非常害怕。他想了想，还是勇敢地出来，走到他父亲面前，带着惭愧的神色说："爸爸，是我干的。""小家伙，你把我喜爱的樱桃树砍倒了，你不知道我会揍你吗？"

华盛顿见父亲气未消，回答说："爸爸，您不是说，要想当一个军人，首先就得有诚实的品质吗？我刚才告诉您的是一个事实呀。我没有撒谎。"

听儿子这么一说，父亲很有感触。他意识到孩子身上的优良品质，要比自己心爱的樱桃树还要珍贵。他一把抱住华盛顿，说："爸爸原谅你，孩子。承认错误是英雄行为，要比一千棵樱桃树还有价值。"

诚实，能驱散人们心中的阴暗；诚实，将使人类有更多更真诚的爱。我们应该大力弘扬诚实的美德，让人们心灵更高尚，让世界变得更美好。

门德尔松是德国作曲家，1829年，他20岁时，第一次出国演奏，一时轰动了英国。英国女皇维多利亚在白金汉宫为门德尔松举行了盛大的招待会。女皇特别欣赏他的《伊塔尔慈》曲，对他说，单凭这一支曲子，就可以证明他是个天才。门德尔松听了以后，脸红得像紫葡萄一样，局促不安地连忙告诉女皇说，这支曲子不是他作的，而是他妹妹作的。本来，门德尔松是可以将这件事隐瞒过去的，但他在荣誉面前并不想夺人之美，他觉得诚实是一个人应有的品质。

这样的事例很多，但能像门德尔松那样有勇气站出来澄清的却很少。有时，一个人的品格就反映在一句话中。

古往今来，"诚实"便是英雄们惺惺相惜，成就大业的根本。无论儒法，还是老庄，"诚实"总是作为君子最重要的美德出现的。古书上处处写着君王以诚治国，诸侯以诚得士的故事。信陵君正因诚实得到侯君，抗秦救赵，名扬四海，刘皇叔正因诚信打动了诸葛孔明，三分天下，成就霸业。而梁山上，那些英雄好汉，一诺千金，为诚实两肋插刀的豪情，更被写进了才子名著，感动着千百万读书人。诚实是基石，诚实是资源，诚实更是迈向成功的阶梯。

一个诚实的人首先是一个诚实待己的人，一个敢于面对自我真实面目的人。这样的人能全面客观的审视自我，既不妄自尊大、自欺欺人，也不妄自菲薄、自我贬低。俗话说"知己知彼，百战不殆"。对自己的情况了然于心，就已经成功了一半。因为只有那些全面把握自己优点和缺点的人，才能真正了解自我成功的可能性和局限性，既不会因为他人的赞誉或阿谀奉承忘乎所以，也不会因为别人的否定或自己的一次失败就气馁。这样的人往往会在别人惊奇的目光中从小成功走向大成功。这就是诚实所具有的特殊人格力量。

诚实会带给人们好运

有一个战士，非常不擅长越野长跑。所以在一次部队的越野赛中他很快就远远落在伙伴的后面，转过了几道弯，他遇到了一个岔路口：一条路标明的是军官跑的，一条路标明的是士兵跑的。他停顿了一下，虽然他对军官连越野赛都有便宜占感到不满，但是他仍然朝着士兵的小路跑去。没想到过了半个小时后他到达终点，成绩是战士组的第一名。他感到很不可思议，但是主持赛跑的军官笑着恭喜他得到了比赛的胜利。过了几个小时后，大批的军官和士兵到了。他们跑得筋疲力尽。看见他赢得了胜利，开始都觉得奇怪，但后面大家很快就醒悟过来，原来军官的那条路更远，更难。很多士兵都以为军官的那条路近，反而走了很长的路。这个战士在那个岔路口时选择了自己的路，选择了诚信。这也是他在今后的人生道路上，本着诚信待人处事而立足于部队之中。他呢，也因为诚信而做到了少将的位置。

可见，诚实最明智，老实人不吃亏。青年人若要成功，就该把创造信誉作为自己生命里最重要的事情,不断地向别人证明你是一个可靠的人,一个值得信赖的人。人们只有相信了你,才会去相信你的观点、思想或产品。

1936年,美国乔治亚州州长尤金·塔木访问该州逃犯监狱,他在监狱管理人员的陪同下,穿过牢狱走廊时,询问了每个犯人:"你有罪吗?"他所听见的只是犯人们的断然回答:"我没有罪。"但州长走近哈维和史密斯的牢房时,这两个犯人却毫不犹豫地承认自己有罪,应该受到惩罚。接下来的事情是这样的:哈维和史密斯持枪抢劫,本该判150年徒刑,却因一句坦白有罪的话得到州长的赦免。州长事后解释了他这么做的原因:"一颗诚实的心永远不该与一群谎言家在一起"。

一个诚实的人,不论他有多少缺点,同他接触时,心神会感到清爽。这样的人,一定能找到幸福,在事业上有所成就。这是因为以诚待人,别人也会以诚相见。

诚实才是人生的最高美德,诚实的价值无可估量。美国第一任总统乔治·华盛顿曾就诚实的品格谈了一番意味深长的话:"我希望拥有坚强和美德,以保持我那诚实的品格,这种品格我认为是最令人羡慕的头衔。"褒扬和支持诚实行为,并身体力行,是我们最大的利益之所在。只有诚实地生活,我们才能够彼此和谐,问心无愧,才能有一个清平祥和的生存环境。

5. 学会谦虚为人

"满招损,谦受益,时乃天道。"意思是说,自满的人会招来损害,谦虚的人会受到益处。它告诉人们骄傲自满有害,谦虚谨慎有益

的道理。一个人如果自满了,那么他的智慧便到了尽头,不可能有任何发展;一个人如果能做到谦虚,他的智慧便能不断的发展。

"谦虚使人进步,骄傲使人落后。"毛泽东的这句格言,其意蕴上接古人,言近旨语,当与古训共志之。海纳百川,有容乃大。

谦虚使人进步

厚德载物,有厚则强,海纳百川,有容乃大。一个人的力量总是渺小的,所知道的也总是很有限,这就要求我们要有一颗最谦虚的心,像大海接纳百川一样,虚心地向所有的人学习,这样才能增强我们的知识与技能,才能使我们广结朋友、受人尊敬。

一个人能谦虚,在社会上一定会得到大众广泛的支持与信任,而懂得谦虚,便会知道"日新月新"的重要。不但学问要求进步,做人、做事、交朋友等等,样样都要求进步。如此种种的好处,都从谦虚上得来,所以称为谦德。

古代的贤名之人多是谦虚的,他们并不因为自己有本事而沾沾自喜。他们懂得自满会给自己灾难。他们多是默默地等待伯乐的出现,发现他们身上的价值,然后为知己者劳,为知己者死。

姜尚石番溪边垂钓待圣贤,他没有因为自己是昆仑弟子而自夸门第,大宣自己是多么厉害,而是默默地在石番溪旁直钩垂钓周文王。最终为姬氏家族挣得殷家天下。

孔老夫子,他是我国古代伟大的教育家,弟子万千,有名的就有72人,他可以被称为是最聪明的人了,他可以自满一下,他也有这个条件,他自满了没有?他没有,他只是说:"三人行,必有我师焉。"他的弟子遍天下,他的老师也不少。

还有受世人崇敬的周恩来总理,一生谦虚谨慎,平易近人,身为总理虽日理万机,公务繁忙,但每到一处都要深入群众,了解情况。

一次，他到上海考察，与电影演员们会面，在亲切交谈中，有个小同志热情地想他建议，说："总理，您给我们写一本书吧！"可他却回答说："如果我写书，就写我一生中的错误，让活着的人们从过去的错误中吸取教训。"

正是因为他对自己严格要求的态度，和谦虚谨慎，为人民作出了巨大的贡献，受到人民的爱戴。不仅生活在"礼仪之邦"的中国人是这样，其他国家的很多名人也如此。

焦耳求知，成就科学

相信学过物理的人都熟知英国著名科学家——焦耳。他从小就很喜爱物理学，他常常自己动手做一些关于电、热之类的实验。

一个假期里的一天，焦耳和哥哥一起到郊外旅游，聪明好学的焦耳就是在玩耍的时候，也没有忘记做他的物理实验。他找了一匹瘸腿的马，由他哥哥牵着，自己悄悄躲在后面，用伏达电池将电流通到马身上，想试一试动物在受到电流刺激后的反应。结果，他想看到的反应出现了，马受到电击后狂跳起来，差一点把哥哥踢伤。

尽管危险已经出现了，但这丝毫没有影响到爱做实验的小焦耳的情绪。他和哥哥又划着船来到群山环绕的湖上，焦耳想在这里试一试回声有多大。他们在火枪里塞满了火药，然后扣动扳机。谁知"砰"的一声，从枪口里喷出一条长长的火苗，烧光了焦耳的眉毛，还险些把哥哥吓得掉进湖里。

就在这个时候，天空浓云密布，电闪雷鸣，刚想上岸躲雨的焦耳发现，每次闪电过后好一会儿才能听见轰隆的雷声，这是怎么回事？焦耳顾不得躲雨，拉着哥哥爬上一个山头，用怀表认真记录下每次闪电到雷鸣之间相隔的时间。

假期过后，开学了，焦耳几乎是迫不及待地把自己做的实验都告诉了老师,并向老师请教。老师望着勤学好问的焦耳笑了,耐心地为他讲解:"光和声的传播速度是不一样的,光速快而声速慢,所以人们总是先见闪电再听到雷声,而实际上闪电雷鸣是同时发生的。"

焦耳这才恍然大悟,从此,他对学习科学知识更加入迷。通过不断地学习和认真地观察计算,他终于发现了热功当量和能量守恒定律,成为一名出色的科学家。

著名的文学家、思想家、革命家鲁迅先生曾经说过:"不满足是向上的车轮。"只有谦虚谨慎,不骄傲自大的人才能获得成功,一步一步向人生的顶峰攀登。

谦虚是一种好的品质,我们每个人的骨子里都有,但是它美而不露,它隐藏于心灵的深处,它等待人们去挖掘、去发现,因为它好,所以它不容易被发现,不容易被得到。

别林斯基曾说过:"一切真正伟大的东西,都是淳朴而谦逊的。"世上凡是有真才实学的人,凡是真正的伟人俊杰,无一不是虚怀若谷,谦逊谨慎的。谦虚是一种美德,也是一种难能可贵的品质。

骄傲使人落后

谦虚得荣,自满则自毁前程。自满会遭到别人的嫉妒,自然也会遭到别人的陷害。如果一个人骄傲自满、狂妄自大,即使是最亲近他的人,也会厌恶之而远去。古代像孔子、老子这样道德高尚的人,尚怀自满招损的恐惧,那么我们这些普通人更应该时刻铭记古训,克制自己的骄傲、自满之心。魏徵也曾对唐太宗说:"自满者,人损之;自谦者,人益之"。

欹器,现在几乎已经很少有人能认识它,在很久以前人们用来汲水用的工具就是它的原形。后来它的一个分支慢慢的也就变成了欹器。它因"虚而欹中而正,满而覆"而为读书人所钟爱。读书人将他放于桌子的右上角时刻警示自己不能太自满否则将毁于一旦。座右铭"满招损，谦受益"也就是由此而来。

人世间又有几人真能明白这个道理呢？被誉为中国武圣的关羽，智勇双全、义气冲天，堪称一代英豪，但却因骄傲自满，败走麦城，身首异处，实在令人叹惋。

关羽出师北进，俘虏了魏国将军于禁，并将魏国征南将军曹仁围困在樊城。当时镇守陆口的吴国大将是吕蒙，他回到建业，称病要休养，陆逊去看望他，两人谈论军国大事，陆逊说："关羽平时经常欺凌别人，现在节节胜利，又立下大功，就会更加自负自满，又听说您生了病，对我们的防范就有可能要松懈下来。他一心只想讨伐魏国，如果此时我们出其不意地进攻，肯定能打他个措手不及。"吕蒙大为叹服陆逊的见识，就向孙权推荐陆逊代替自己前去陆口镇守。

陆逊一到陆口，马上给关羽写信道："你大败魏军，立下赫赫战功，这是多么了不起的事啊！就是以前晋文公在城濮之战中所立的战功，韩信在灭赵中所用的计策，也无法与将军您相比啊。我刚来这里任职，学识浅薄，经验不足，一直很敬仰您的美名，故恳请您多多指教。"这些吹捧让关羽甚是得意，想当然地认为陆逊不过是无名之辈，不足为惧，对后方吴国也就放心了。

陆逊在稳住关羽后，暗中加快军事部署，待条件具备后，指挥大军，一举攻克蜀中要地南郡，关羽败走麦城，终遭杀害。

还有众所周知的韩信，他先投靠项羽，项羽看不起他，韩信没有得到重用。后来他投靠刘邦，因为有张良与萧何的举荐和以性命担保才得以重用。后韩信因取得齐地自恃功高，派人请求汉王封他为"假齐王"。

这件事埋下了刘邦翦除韩信之前因。功成后有要求要封为王，刘

邦怕他以后会对自己不利，就以意图谋反的罪名，逮捕了他。韩信在被捕时才明白为什么张良与萧何要在战后要求隐居，他才后悔没有听从萧何的话。他说："狡兔死，走狗烹；高鸟尽，良弓藏；敌国破，谋臣亡。天下已定，我固当死。"

等到了死才知道当初不应该太自满，后悔已晚矣。这个代价似乎太大了。但是我们现代人在知道了后果，而且也有无数的活生生的例子摆在我们的面前，为什么我们不能去好好地的去想一想呢？

谦虚还可以使我们获得他人的喜爱与信任。人们都喜欢与谦虚的人共事，而不愿与自以为是的人为伍。我们生活中那些自以为什么都懂、动辄就好为人师的人，是很遭人讨厌的。他们摆出一副"万事通"的面孔来，唯恐被别人轻视。他们炫耀的目的无非是要提高自己的地位，可这样做的唯一结果只能是使他们捉襟见肘、遭人厌恶。

"谦受益，满招损。"作为几千年古人留下来的古训，当今依然有它的现实意义。只有谦虚，我们才能增长才干，才能养成优良的美德，才能赢得他人的尊敬。而骄傲自大，只能使我们狂妄无知，遭人讥笑，甚至让我们付出惨痛的代价，遗恨终生。

6. 遇事总要冷静

数千年来，青少年一直是成年人的挑战，对父母而言，即使是温和的年轻人也一样，从准备儿女成长的食品到如何应付青少年日益复杂的问题，仍是父母千古的难题。尤其是青少年阶段，是父母们最担心的问题，因为这是他们最容易冲动的年龄。

美国知名心理学家戴维·华许博士，曾研究了青少年的冲动，用简易的文字向读者揭露了冲动的后果和原因，告诉青少年们应该怎

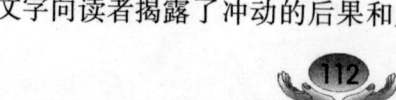

去做。根据相关人士调查，青少年因为冲动而造成的不良后果占16%，因冲动而犯罪的占38%，这个惊人的比例引起了很多父母的重视。

青少年，理智对待冲动

青少年所处的年龄是个叛逆的、冲动的阶段，脾气容易暴躁，也容易违法违纪。叛逆的性格和冲动的脾气，是这些孩子们走向"罪恶边缘"的主要"罪魁祸首"，也是老师和父母们所为之担心的。

冲动是魔鬼。这句话很有道理，现在社会上，越来越多的青少年对自己的言行举止开始不重视，对自己做的事情很少想过后果，他们只认为自己做的永远是对的，从没有在脑子里思考过事情的正误性。

镜头1：高二的同学在放学时冲到篮球场，其中有人大声喊道场地已经被占了，但有人不服，一句脏话就这样冲口而出，无端被骂，另外的人当然不甘示弱，也不留情面地回敬脏话。双方都非常恼怒，在吵骂当中，有的人就觉得受委屈，心中愤愤不平，进而大打出手，而且聚集了一大帮人围观，以致要动用全校的保安来解决纠纷及维持秩序。

镜头2：17岁男孩王明是沈阳市某管理干部学院大专班学生。一天下午，王明和初中同学出去玩时，为几个女孩子买雪糕一起吃，由于同学小强出去回电话，王明忘记给他买了。小强回来后见没有自己的雪糕就开始埋怨，并提出"不玩了，我回家"。王明觉得在女生面前丢了面子，在厮打中用尖刀刺中小强。小强经抢救无效死亡。王明也因为故意伤害罪被判处重刑，并赔偿小强家属经济损失2.5万元。

镜头3：18岁李某受雇于某市一家造纸厂，因工资问题与管理人员发生纠纷，一气之下，竟纵火焚烧该厂多间宿舍，造成三万余元经济损失，最终被以放火罪追究刑事责任。

上述三个事例，不正说明了青少年冲动所犯下的罪行和后果吗，这样的事例在社会上还有很多很多，尤其在校园里，因一时冲动而违纪的现象屡见不鲜。因为青少年之间发生争吵，心情都是复杂的，一时很难想到如何去调节，如何去解决，对于他们来说，最直观的方法就是用暴力来解决，以导致这种调节方法很难及时解决心中的不忿。这正是他们不能够理智对待冲动的原因。

因此，学会思考，学会理智对待自己的冲动是很重要的。

比尔·盖茨作为"世界财富之王"，他对自己的青少年生活有着切实的体会和总结。他说："我是一个爱构想自己人生地图的人，即使到现在，我依然觉得那种构想人生的青少年式的冲动，是我成就事业的基石。我觉得，一个人的青少年时期对于人生各方面的理解，就像鼠标一样起到引导性的作用。"

"人生总有不顺心的时候，很多人在逆境中沉沦了，自暴自弃了，但是只要相信人生可以自我调整，换个角度重新审视自己的生活，就会出现茅屋变成宫殿的奇迹。"

比尔·盖茨虽然作为财富巨人，但对于人生哲理自有智慧的理解。聆听他对成功人生的种种注解，必是一件非常有意义的事情，因为我们可以站在成功者的肩膀上继续登高，至少可以减少我们在实现人生目标时少走一些弯路。

比尔·盖茨说过一句名言：善于少走弯路的人，总是一个用头脑驾驭自己人生每一步的聪明人！

同样处于青少年阶段，都有着冲动的脾气和性格，但是却有着不同的结果。理智地对待的，是用头脑驾驭自己人生的每一步；冲动的做每一件事的，得到的是应有的惩罚。

青少年，遇事需冷静

每一个人来到世上，都要遇上突如其来的意外事件，几时遭遇难以预料，没有人清楚。在这种情况下，最重要的事情就是要保持清醒的头脑，冷静地思考。对于青少年，除了要理智对待自己的冲动，还要遇事学会思考，学会冷静。

心痛，后悔，急躁，发怒等等，都是可以理解的，每个人都会有情绪，何况对于心智尚未成熟的青少年们。但是每一个人都应该清楚，这不仅于事无补，反而会让人失去理智，错失补救的时机。没有这种反映又是不现实的，关键是要尽量缩短这个反应的时间，尽早理智地分析事件，进行下一步的重要工作。

一本杂志上，有篇《自救》的文章，相信看过的每个人都会懂得"遇事冷静"的重要，更懂得人生的可贵。

一个年仅20岁的青年由于家庭贫困辍学，但他有一个妹妹，成绩优异，不上大学实在可惜，于是他来到工地挖隧道，不料第一次走进隧道就岩石塌方……

当时局面难以控制，有人大放悲声，有人想往岩石上撞，近乎疯狂。他也差点控制不住自己，刹那间他想了很多，首先想到了死——但若自己完了，妹妹也会辍学，父母也会悲痛欲绝。他镇静了一下，决定试着控制局面，他努力使自己的声音变得很沉稳："我是新来的工程师，想活命吗？想活命就听我的！"黑暗中，几个人渐渐安静下来。

他又向被困的四个人发号施令："一、被困的四个人必须听他指挥。二、外面肯定在组织救援，但需要时间。三、休息睡觉，因为累死也搬不动那千斤重的大石头。四、隧道里到处都是水，有水就能活十几天。不过他还是隐瞒了两件事情：一是他进隧道时带了两个馒头，现在已成无价之宝。二是他有一个电子表，可以掌握时间。

第三天过去了，隧道里还是没有一丝光亮，他把其中一个馒头分成四份给大家吃。第五天，终于听见隧道隐约传来钻机风镐的轰鸣。他赶紧把最后一个馒头分成四份给大家吃，然后大声命令四个人拿起工具拼全力往巨石上敲击……

几个劫后余生的人躺在病床上怎么也不会相信，那个沉稳威严的"工程师"竟然是一个毛头小伙。当记者采访他时，我又听见了那句我已听了千万句的话："因为冷静，在紧要关头，只有冷静救得了你"。

人生做事和处事，总要面对千变万化的境遇，特别是青少年因其自身的身心特点更要学会冷静，只有冷静才能细心而全面正确地观察，才会做出正确的判断等等。冷静，这是学习和处事待人的前提。

青少年正处于心理学上所谓的"逆反期"，这个阶段的心理、行为如果不加以正确引导，会导致青少年对人对事产生多疑、偏执、冷漠、不合群、对抗社会等病态性格，使之信念动摇、理想泯灭、意志衰退、工作消极、学习被动、生活萎靡等，进一步发展还可能向犯罪心理和病态心理转化。

处于"逆反期"的青少年通常对教育者有明显的"反控制"、"对抗"心理，即你越是要求他这样，他偏不这样。而这种情形，最容易引起老师、父母的恼火。而老师、父母越是恼火，对他（她）越发训斥，就会使他（她）更加反感，直接影响到与父母、老师之间的正常关系，以至于将叛逆性格发展至极端，导致人格和行为的不健康。近年来社会上多发的青少年逆反期杀亲案、出走现象、自杀事件无不说明，如果在这一特定时期疏导失当将会发生多么惨痛的后果。

每个人的生活不一样，遇到的事也不一样，很有可能你遇到一件事还在迷茫的时候，他先怒了，先告诉你这件事情不能这么做。物以类聚，人以群分，青少年中打群架的大都是善交这种朋友的。暴躁的人就像一个导火索,不冷静、不理智。他很难用理性的思维处事。曾有一个故事,国外有一个富孀家财万贯,她想选一位司机,在数千竞聘者中选出了三位驾驶技术最好的,老太太问了他们一个问题,"你们能在离悬崖多远的地方停住?"第一个说,1米!第二个很不服气说,我能在1公分的地方稳稳地停住!第三个说,我远远地看到悬崖就会停住了。结果第三位被录取了。因为在这个世界上所谓经验技术永远不是最终的保障,人规避风险的理智才是他根本性的前提。第三个人之所以被录取不是靠他逞能而是靠他明智。

对于正在成长的青少年,作为国家的新一代接班人,遇事冷静、冷静、再冷静,是很重要的。

7. 常怀感恩之心

英国作家萨克雷说过:"生活就是一面镜子,你笑,它也笑;你哭它也哭。"送人玫瑰,手有余香。无论是生活还是生命,都需要感恩。你感恩圣火,圣火将赐予你灿烂阳光。你怨天尤人,最终可能一无所有。

常怀感恩之心,就是对世间所有人所有事物给予自己的帮助表示感激,并铭记在心。只要我们常怀感恩之心,相信你会有所收获。

懂得感恩,内心充实

"谁言寸草心,报得三春晖"。父母给了我们生命,我们对父母要常怀感恩之心。是他们让我们来到了这个充满色彩的世界,让我们看到了世界的真善美。从早上起来的一碗热腾腾的牛奶,到一年四季被子床单的换洗,我们应该心存感激,应该感谢上天给了自己那么好的父母,感谢父母给了自己健康的身体和一个完整的家。

老师给了我们知识，我们对老师要常怀感恩之心。是老师帮我们开启了知识的大门，是老师让我们懂得了在生活中如何对于别人的帮助去说一声"谢谢"，是老师让我们明白了受到别人的恩惠，当涌泉相报，是老师从青丝到白头在三尺讲台上教书育人，他们最大的心愿就是学生个个有出息。学生能常怀感恩之心就有用不尽的学习动力。

朋友给了我们友谊，我们对朋友要常怀感恩之心。朋友能与你患难与共，在你最困难的时候，朋友能千方百计帮你，给你"打气"给你信心，助你跨过学习上各种各样的障碍物。让你刻骨铭心地觉得，朋友的情谊终生难忘。

只有知道了感恩，内心才会更充实，头脑才会更理智，眼界才会更开阔，人生才会赢得更多的幸福。懂得感恩的人，是勤奋而有良知的人，懂得感恩的人，是聪明而有作为的人。

有这样一个有趣的故事：有一次，罗斯福总统家被盗，偷去了不少东西，朋友们纷纷写信安慰他，罗斯福却说："我得感谢上帝，因为贼偷去的是我的东西，而没有伤害我的生命；贼只偷去我的部分东西，而不是全部；最值得庆幸的是，做贼的是他而不是我。"谁会想到，一件不幸的事，罗斯福却找到了三条感恩的理由。这个故事，可以说将感恩的美丽展示得淋漓尽致了。

感恩是积极向上的思考和谦卑的态度，它是自发性的行为。当一个人懂得感恩时，便会将感恩化做一种充满爱意的行动，实践于生活中。一颗感恩的心，就是一个和平的种子，因为感恩不是简单的报恩，它是一种责任、自立、自尊和追求一种阳光人生的精神境界！感恩是一种处世哲学，感恩是一种生活智慧，感恩更是学会做人，成就阳光人生的支点。从成长的角度来看，心理学家们普遍认同这样一个规律：心的改变，态度就跟着改变；态度的改变，习惯就跟着改变；习惯的改变，性格就跟着改变；性格的改变，人生就跟着改变，愿感恩的心改变我们的态度，愿诚恳的态度带动我们的习惯，愿良好的习惯升华我们的性格，愿健康的性格收获我们美丽的人生！

一对夫妻很幸运地订到了火车票，上车后却发现有一位女士坐在他们的位子上。先生示意太太坐在她旁边的位子上，却没有请那女士让位。太太坐定后仔细一看，发现那位女士右脚有点不方便，才了解先生为何不请她起来，他就这样从嘉义一直站到台北。

下了车之后，心疼先生的太太就说："让位是善行，可是起点到终点么久的时间，中途大可请她把位子还给你，换你坐一下。"

先生却说："人家不方便一辈子，我们就不方便这三小时而已。"太太听了相当感动，觉得世界都变得温柔了许多。

"人家不方便一辈子，我们就不方便这三小时而已。"多浩荡大气、慈悲善美的一句话。它能将善念传导给别人，影响周遭的环境氛围，让世界变得善美、圆满。

"善良"，多么单纯有力的一个词汇，它浅显易懂，它与人终生相伴，但愿我们能常追问它、善用它，因为老祖宗早就叮嘱过"善为至宝"，一生用之不尽啊。

有一位单身女子刚搬了家，她发现隔壁住了一户穷人家，一个寡妇与两个小孩子。有天晚上，忽然停了电，那位女子只好自己点起了蜡烛。没一会儿，忽然听到有人敲门。

原来是隔壁邻居的小孩子，只见他紧张地问："阿姨，请问你家有蜡烛吗？"女子心想：他们家竟穷到连蜡烛都没有吗？千万别借他们，免得被他们依赖了！

于是，对孩子吼了一声说："没有！"正当她准备关上门时，那穷小孩展开关爱的笑容说："我就知道你家一定没有！"说完，竟从怀里拿出两根蜡烛,说:"妈妈和我怕你一个人住又没有蜡烛,所以我带两根来送你。"

常怀感恩之心,是很重要。这会减少一些抱怨牢骚、烦恼仇恨,心胸就会宽广和舒畅起来;常怀感恩之心,这是一种美好的情感,是生活幸福的催化剂,是事业成功的原动力,是一个人走向高贵,还原纯真的净化器。

常怀感恩之心,让生命更精彩

常怀感恩之心,是人类情感中至真至纯的芬芳美酒;常怀感恩之心,无论你贫穷还是富有,无论你顺境还是逆境,无论你成功还是失败;常怀感恩之心,在你闪烁着感激的泪光中,花儿般灿烂怒放的将是一个春光荡漾的美妙世界!

当你口渴时,爸爸给你递上一杯水,你是否感谢过他呢,当你烦恼时,向妈妈倾诉自己的苦恼,妈妈耐心的听完并教导你,你又是否感激过她呢?常怀着感恩的心,能够更加接收到的关怀与帮助,摆脱贫苦和痛苦,从而快乐的生活。一位作家曾说过:我们满怀感恩之情,不仅仅是索取,而且,必须给予,用给予来表达我们的感激之情,是的,大自然是不断循环和流畅的,你给予的越多,你获得的越多,不是吗?只要你付出了,就会有收获,给予收获的规律就这么简单:想要获得快乐,你就必须给予快乐;想要获得爱,你就必须给予爱;想要获取财富,你就必须给予财富。

不要总记着生活给你开的某个玩笑,不要总想着这个社会如何待你刻薄。如果你总觉得不满足、亏得慌,心怀怨恨、不满,你就会愈加变得小肚鸡肠、牢骚满腹,你就会对生活失去信心,还会失去健康,以致孤苦伶仃,憔悴不堪,那么快乐和幸福只有永远与你行进在不同的平行线上。

只要我们常怀感恩之心，人生没有什么不幸会永恒得让人永久地淹没在痛苦的海洋里。世间的纷争，生活的烦恼，永远也不会屏蔽我们心中发出的淡泊而宁静的妙音。

亲爱的朋友，常怀一颗感恩之心，让宽容与你我同行，我们应该乐观地对待生命，宽容的善待一切。对于你周围的朋友、同学，说声谢谢，会让他们感到快乐；对你熟的人说声谢谢，他们会有种付出得到肯定的满足；对陌生人说声谢谢，会拉近彼此之间的距离。"命运"，不足以阻挡你的前程，只要你能正视困难，化困难为力量，成功后蓦然回首，你就会感谢困难，感谢困苦，感谢贫穷！因为它们才是你的恩人。常怀感恩之心，能让自己的心情更加舒畅。常怀感恩之心，能让我们摆脱贫穷与痛苦。常怀感恩之心，你就会发现，原来一切都是那么美好。

8．做一个富有爱心的人

爱心是一个人非常重要的心理素质。如果一个人没有爱心，那他就是一个冷漠的人，一个与社会脱节的人。爱心就是关心他人，它的表现形式是多种多样的，并蕴含着深广丰富的内涵。由于青少年处于身心不成熟的发展阶段。因此，青少年必须通过一系列的社会实践和行动相结合才可能使他们真正了解爱心的含义。

青少年为何会缺失爱心

青少年缺失爱心原因如下：

（1）狭隘的生活空间。狭隘的生活氛围使青少年的交往范围只限制在班级同学之间。这种生活空间使他们没有足够的交往空间，他们的烦躁情绪不能正常的释放出来，所以，他们把这种不良的情绪和心理转向周围的人或事物上。

（2）不会表达内心的爱。在这个富裕的时代，青少年们过着衣食无忧的生活，这些是促使他们缺乏爱心的重要原因之一。他们以为亲人的付出是天经地义的，从来都不去想要去关爱他们，同时也不知道如何去尊重别人及关爱他人；有些青少年即使心中有一份纯真的爱心，却不懂得应该如何表达出来，久而久之，也就不懂得去爱了。

（3）不良的家庭氛围。家庭环境对青少年的心理健康发展有着非常大的作用。有些家庭中因为亲人之间的关系不和睦，经常吵架或冷战，有时还会出现粗暴的打骂行为，这些不良行为严重影响了青少年的身心健康和思想品德，长期生长在这种家庭氛围中的青少年会缺少亲情、缺少爱，所以，失去爱心也是在所难免的。

（4）没有足够的活动空间。由于狭隘的生活空间使青少年没有足够的活动范围。星期天因为父母在为自己的事情忙碌没时间陪他们去玩，他们除了对着电视或网络来打发自己的时间就别无他事。长久下去使他们缺乏与亲人之间的沟通和交流。因此，环境的影响埋没他们的爱心和同情心。

（5）父母过分的溺爱。现在大多数家庭都是独生子女，因此，过分的溺爱和包容，无私地为他们打理好生活中一切事情，这样不仅剥夺了让他们回报爱的机会还会使他们觉得自己应该接受别人的关爱，所以，他们为所欲为，不知道体贴和关爱他人。

小案例

李小飞和李慧茹曾是某中学的同班同学。他们两个的成绩在班上都是名列前茅，性格活泼开朗的李慧茹是班中的班长。在高一、高二时她都是寒窗基金的获得者，家境贫寒的她如此才得以保证在校学习的机会。然而，高三那年她的父亲因病去世了，而她家里的所有钱几乎都给父亲治病了,其母亲的收入也不高,家里还有个小妹妹在读小学,因此,她的生活十分困难。虽然李慧茹的高考成绩在班级名列前茅,但是,家中已经没多余的钱供她读书了。李慧茹家境困难的事情很快就在班里传开了,身为学习委员的李小飞第一个站出来,组织班级同学为她凑了1800元的学费。后来,林小飞的爸爸知道了此事,非常支持儿子的行为,他积极联系一些企业单位为李慧茹捐款,总共筹得1万多元,为李慧茹支付了两年的学费,李慧茹在众多人们的爱心和支持之下,才得以继续在学校深造。

爱心是一个人发自内心的真实感受,也是一种纯洁不需要任何回报的善举。其实,爱心不只是捐款、捐物,它主要是拥有一颗助人为乐的博爱之心,它不是用金钱或物质来衡量的。因此,青少年的爱心不能靠强行灌输培养,更不是用没有理智的溺爱换来的。这种行为是他们通过自然而然的模仿逐渐形成的,就像"随风潜入夜,润物细无声"那样从外到内的发展过程,需要父母和教师的直接爱心才能播种出来的。

如何培养你的爱心

青少年如果拥有爱心将会受益一生,因为,在这个世界一个充满爱心的人会得到更多的快乐和自信。所以,青少年要想做一个富有爱心的人,那就从以下几点入手:

(1)强化自身的友好行为。如果青少年在日常中帮助别人或者给贫困生捐款,父母或老师一旦知道,要及时地给予他们鼓励,久而久之,青少年就会形成尊老爱幼、相互帮助并富有爱心的友好行为。

(2)多接触大自然。青少年要多与大自然中的花草、植物和动物接触,这样可以锻炼自己爱心迁移的能力。学会爱护大自然中的一草一木,你会觉得世界上的爱心无处不在。

（3）学会关心他人。在日常生活中，青少年要学会帮助和关心身边的每一个人，当你的同学生病了，你可以去看望他并给予他安慰，必要时还可以为他提供一些力所能及的物质或精神上的帮助。

（4）多参加一些有益的爱心公众活动。学校或社会上有很多献爱心的公益活动，青少年可以有意识地参加一些。比如捐款活动，为那些贫困的人，献上一份属于自己的爱心。这样，爱就会融入到你的生活当中。

第三章

拥有美好情感

第一节　克服错误情感

1. 抵御恋爱的心理诱惑

谈恋爱现在说来，已经成为一个很时尚的名词在中学生心中普遍存在了。越来越多的学生感觉不在上中学的时候谈恋爱，简直不是新新人类。但是要正确地对待感情，摆脱早恋的感情折磨，学会轻松地逃离早恋的陷阱很有必要。

步入青春期后的青少年朋友，精力充沛，思维敏捷，记忆力强，情感丰富，你们是时代的希望所在。但由于青少年时期是身心健康趋于定型的时期，是走向成年的过渡阶段，亦是性意识萌发和发展的时期，你们的心理发展和生理发育往往不同步，具有半成熟、半幼稚的特点。因而，在你们心理素质发展的关键阶段，容易产生心理失误，甚至心理滑坡，应该引起全社会的重视。

青春时期，你们喜欢谈恋爱

由于青春期的发育，不少学生试图在上学时候，去交一些男朋友或是女朋友，年少无知助长了你们的懵懂心理的产生。在上学时期，因为经常与同学们接触，有时也许是需要一个说话的陪伴或是保护自己的人，就开始谈恋爱。但是为什么去谈恋爱，这时的你并不知道爱情的意义，青春代表了一切活力，当然也是包括对感情的活力。

小红曾经在上初一的时候，一直是一名学习成绩很好的学生，每次成绩在班里面的排名都是第一名。后来，小红在学校的集体出游时结识了邻班的小强，那次他们在一起唱歌，在河边钓鱼，玩得很愉快。以后几次，小强常常约小红一起出去游玩，小红刚开始还以为是同学就答应了。慢慢地，时间长了，小强给小红送礼物，小红接受了。并且开始上课爱走神，脑子里再没有数学题了，变成了小强。最后，学习成绩一落千丈。

像小红这种例子，就是典型的中学生早恋现象。常常是在上中学没多久，心理因为正处于发育时期，对各种情形还不能够把握住，就产生了青春期要渡过的感情问题。其实，对于早恋是一个很正常的现象。属于青春期的一种对异性向往的心理。但是，不能过于早恋，应该把这份感情上的投入转移到其他上面去，这样有助于良好心态的形成。

避免早恋，不要过早谈恋爱

青春期，你们常常谈恋爱是有几种心理诱使的，并不是单纯的只是谈恋爱。

好奇、好胜、片面、虚荣心理

随着生理上的发育和社会接触面的扩大，你的自尊心亦与日俱增。然而，这种自尊容易被追求虚荣所扭曲。例如用片面的虚荣去满足自己某种好奇、好胜及自我表现的心理欲望。近些年来，青少年朋友们吸烟、喝酒的人数呈上升趋势，主要原因是好奇心所驱使，使自己像个大人，容易交到朋友，更显得轻松、潇洒、大方，还有好胜和所谓的"心理叛逆性（亦称逆反心理）"。有时你也许会过分追求穿戴打扮，那么未走上社会就强调高消费，这种不良心理若任其发展，就有可能走入歧途。

精神文化生活的不满心理

有此心理者以农村和边远地区的学生为多。你们认为自己的现实生活与书本、影视中的生活方式差距甚大，文化生活内容贫乏，或是被日益沉重的学习负担压得喘不过气来，无暇享受文化生活的乐趣等等。枯燥而单调的生活满足不了你们对精神文化的需求，产生不满或厌倦心理。为了充实自己的精神生活，你们就会"饥不择食"地盲目去社会上寻求精神刺激和所谓欢乐。可想而知，如果任其发展，将会产生什么样的后果。

不成熟的恋爱心理

由于肌体的发育、心理活动的发展以及客观环境等影响，青少年逐渐产生了对异性的爱慕，求偶心理开始萌发。但他们受知识结构、认识水平和生活阅历所限，对爱情的认识尚是肤浅而朦胧的，因而显得幼稚和不成熟。有的跃跃欲试想寻找机会体验一下恋爱滋味，于是就会出现早恋、多角恋爱等不良现象。例如有一个高中女生，她希望有三个男同学能帮助自己：一个要学习好，以辅导她的学习；一个要能说会玩，陪她玩乐；另一个则要会体贴人，成为她的忠实奴仆。经过一番尝试之后，她竟能如愿以偿，并同时与他们保持超友谊的关系。当别人问她将来与谁结婚，她却轻松地回答："我还没想过结婚呢！"这种不成熟的恋爱心理，对于自己，对于别人，乃至对于社会都是有害无益的。

性神秘和性冲动心理

进入青春期之后的青少年，由于身体的迅速发育和趋于成熟，产生了对性知识的兴趣，你们中相当一部分人存在一定的性神秘。在这种不成熟的恋爱心理驱使下，往往对性道德、性文明缺乏足够的认识，以致控制不住外界不良因素的诱惑，进而容易产生性的冲动，最终可导致不理智行为，造成严重后果。

贬低自己的自卑心理

自卑是你们性格发展过程中的一种缺陷，贬低了自己的能力和品质，同时可伴有一些特殊的情绪体验，诸如羞怯、内疚、悲忧、自责等。自卑心理往往会影响人际关系，从而又反过来加深自卑感。大量事实说明：考试分数偏低、留级，经常挨批评，高考落榜，找不到工作或工种不尽如意，不被领导重视，婚姻恋爱受挫，甚至长相、身材不符合社会审美标准等，都可能成为产生自卑心理的原因。自卑心理极易造成自暴自弃。

是非曲直的模糊心理

你们大多涉世不深，阅历较浅，如果对你们放松政治思想教育和缺乏正确的疏导，则容易产生是非观念上的模糊心理。加之有的家长或教师采取封闭式的教育方式，致使青少年产生种种逆反心理，其结果会导致你们是非不分，与正确的教育指导思想背道而驰，甚至误入歧途。

所以，不要过早地谈恋爱，要把自己的心思投入到其他的事情上面去，多做些有意义的事情，这样不仅对青少年的身体健康有一定的好处，而且对心理健康也是很有利的。

对青少年朋友们不良心理的研究及其防治的措施应得到社会的重视，亟待加强。青少年朋友，你们本身亦应加强自身政治素质、心理素质的培养，拿出勇气和毅力来摆脱上述不良心理，力求使自己成为国家和人民的有用之才。

心理健康很重要，你在上学时期，应该加强对自身的政治素质和心理素质的培养，拿出年轻的富有朝气的活力去逃离早恋的陷阱，克服自己的不健康的心理，这样自己才可能成为国家的有用栋梁之才。

2. 认识"早恋"的危害

早恋是在中学生中普遍存在的一种现象。在青少年进入了青春期之后，因为身体、生理上的特殊变化，心理上也有了一点的对感情的萌芽。经历了很多年的成长，或许是周围接触了异性，所以，会有"早恋"的心理。学会正确认识早恋问题，对树立正确的人生观、价值观都是具有积极地意义的。

随着社会的发展，你的青春期来得越来越早，尤其是一些女孩的家长们面对似乎一夜之间长大的女儿有点不知所措，初潮、情窦初开……种种问题摆在父母面前，那么家长如何帮女儿平稳度过这段"多事之秋"呢？

早恋心理——人生第一次青春期的感情尝试

早恋是指未成年男女过早建立恋爱关系的行为。年龄在18岁以下的青少年和中学生谈恋爱，属于早恋行为，是不可取的。早恋是建立在共同的学习的阶段上的，是属于人生中的第一次的感情的尝试，因此成功性不大，学生们产生早恋心理也许是由于一些内心的原因或是青春期发育造成的。

一个15岁的女孩，她和一个同班的男孩互相爱慕，但受到家长的警告后，女孩压抑了自己的感情，对男孩冷若冰霜，把男孩送给她的礼物当着同学面送回，让那个男孩受到了很大的伤害，事后女孩也因伤害了他人而感觉很痛苦，以至于长期抑郁导致学习下降。

随着青春期身体的发育，十几岁的男孩、女孩们互相产生倾慕的感觉，是正常的，这既符合生理又符合心理上的成长需要，但这种感情合情合理却不合时宜，因为你还是应以学习为主，过分释放感情会使双方在不具备谈恋爱的条件下受到伤害。

但如果过分压抑感情、过激处理问题也是不对的，就像刚才提到的 15 岁女孩，如果想拒绝那个男孩，可以将礼物偷偷地放回对方的书桌里，这样既不伤害对方的感受，又可以明确态度。

早恋行为有以下几个特点：

1、朦胧性

早恋的你对于早恋关系的发展结局并不明确。你们主要是渴望与异性单独接触，但是对未来组建家庭、如何处理恋爱关系和学业关系、如何区别友谊和爱情都缺乏明确的认识。

2、矛盾性

有早恋关系的青少年朋友内心也充满了矛盾，既想接触又怕被人发现，早恋的过程中愉快和痛苦并存。

3、变异性

早恋关系是一种充满变化、极不稳定的感情关系。你们之间一对一的早恋关系缺乏持久性，一般不会持续很长时间。

4、差异性

你的早恋行为具有明显的差异性。在行为方式上，有的青少年朋友的早恋行为十分隐蔽，通过书信、电话等方式来传递感情，但也有的青少年朋友很公开，在许多场合出双入对，俨然像一对情侣。在关系程度上，大多数有早恋关系的你的主要活动是在一起聊天，交流隐秘的感情，从人际关系来看，还没有超出正常的关系。有的则关系发展的很深。在年龄喜好上，作为女孩儿的你喜欢比自己年龄大的、比较成熟的男性。在年龄相当时，多半是你采取主动。作为男孩儿的你喜欢年龄比自己小的女孩儿，在交往中体现自己的阳刚之气。

正确认识早恋问题，学会面对现实

有人说，早恋是一朵不结果实的花，不仅如此，早恋还对你们的学习和生活造成了很大影响，认清早恋的危害，时刻敲响警钟，对于青少年防微杜渐，避免产生不当的恋情是很有帮助的。

青春期你们的精神世界是纯洁而多情的，爱情这一人类永不凋谢的美丽花朵在那里可以找到肥沃的土壤。尽管少年的爱情是纯洁、美好的，但早还是必须坚决反对的。

你们的家长们一般都深知早恋的严重危害，平时对你们的异性交往监督很严，一有蛛丝马迹，必查个水落石出。这样做无可厚非，只是不少家长方法欠妥，总把你们看作小孩子，不尊重你们的隐私，私拆子女信笺，查看日记，监听电话，动不动就严加管教，不顺眼就任意训斥、责骂，还不允许辩解，因为辩解就是"不听话"、"顶嘴"、"造反"、"那还得了"。一旦发现早恋，更是大动干戈，拳脚相加，控制人身自由。

学校处理早恋问题往往也是简单的压制法：写检查、停课、处分，甚至广播上点名、公开情书等。这些做法使你们感到强烈的压力，结果往往不令人满意。有的表面顺从，有的由"公开"转入"地下"，最糟的是在压力和鄙视下，自暴自弃，悲观失望，最后走上逃学、厌学的道路，进行正确地引导自己去认识早恋很有必要。

早恋是你们在青春期正常的心理和生理的反映，只要加以正确的引导，让自己能够充分地理解，一定会收到很好的效果。不少的家长担心你们还小，担心过早的引导会有"误导"的副作用，让还没有成熟的花过早地开放。其实，青春期的你们已经长大，思想相当成熟，甚至比父母想象中的要成熟一些。

所以，对于你们的早恋，一定要让自己知道什么是早恋，正确地认识早恋，并在某种程度上知道早恋的结果，合理地进行解决早恋问题，对你的以后身心健康发展是极为有利的。

人生中，避免不了的有些感情，但是只要正确地认识早恋问题，从根本上纠正早恋的危害，让你从内心知道早恋对自己不但不好，而且还对别人不好，那样你们的内心也是清醒的，合理地进行引导你们去改变自己的心理。这样对你以后的人生也是很有帮助的。正确认识早恋，早恋真的是不可取的。

3. 走出单恋的曲折迷宫

如果说谈恋爱是一种对人生的感情感悟，那么单恋又是什么呢？往往在中学生时代，会有那么一些人因为性格原因而很少去接触爱情，但是心里却有着那么一丝丝的感情寄托，那么这个感情寄托又是什么呢？学会走出单恋的误区，追求一个属于自己的世界，才是最美好的世界。

大千世界，芸芸众生，有千万种爱情，也有千万种愁情。单恋，又叫单相思，是通过表白或者暗示却得不到对方响应的畸形爱情。严格地说，那不能叫恋爱，只是恋爱的一种错觉。"爱情错觉"是指因受对方言谈举止的迷惑，或自身的各种主观体验的影响而错误地主动涉入爱河，或因自以为某个异性对自己有意而产生的爱意绵绵的主观感受。"爱情错觉"往往会导致一厢情愿式的暗恋。暗恋有两种情况：一种是毫无理由的"单相思"，对方毫无表示，甚至对方还不认识自己，而自己却执著地爱对方，追求对方，这种恋爱，是纯粹的"单向"；另一种是自认为有"理由"的单相思，错认为对方对自己有意，于是"落花无意"便成了"落花有意",这种是假"双向",真"单向"。

人生如此,岂能没单恋

青少年朋友心理尚未发育成熟,单恋现象层出不穷,且较多地出现在性格内向、敏感、富于幻想和自卑感较强者身上。首先是自己爱上了对方,于是也希望得到对方的爱,在这种具有弥散作用的心理支配下,就会把对方的亲切和蔼、热情大方当作是爱的表示,并坚信不已,从而陷入单恋的深渊,不能自拔。单恋者固然会体验到一种深刻的快乐,但更多会体验到情感的痛苦,因为他们无法正常地向自己所钟爱的异性倾诉柔情,正常地与其交往,更不能感受到被爱的温馨。

芸芸是一名高二的女生,她特别烦恼,因为她悄悄地爱上了他们班的班长。班长长得很帅气,学习成绩好,很受大家的欢迎。有一次班上组织外出旅游爬山,班长非常勤快,总是不停地帮助弱小的女生。在一个山坡上,他抓着一棵小树,把我们女生一个一个拉上去。当他的手和芸芸接触时,芸芸顿时有一种异样的感觉从心中涌出,并从此对他产生了好感。虽然那次他并不是只帮助了芸芸一个人。但从此,芸芸内心总是期待着能看到他,听到他的声音,看到他的笑容,有时为此魂不守舍,上课老是走神。而他却没有丝毫察觉,依旧是那么爽朗。有时看到他和班上的女同学相处得那么融洽,芸芸就会很自卑,心里的醋意油然而生,但又不敢对他人讲。

单恋的人一般不愿意向人吐露内心的感情,你们常常因此变得沉默寡言,兴趣变得索然无味,但学习和生活还能正常进行。严重者会形成相思病,情绪失去控制,对前途悲观绝望,不想动弹,学习和生活都不能继续,甚至还有消极厌世的,这时称为反应性抑郁症。

单相思属于变态心理,以精神分裂症最为多见,精神病学上称为

"钟情妄想"。这种情况的单相思通常是以被对方爱着作为心理基础，所以更确切地说，应该称为"被钟情妄想"。正常人的"一见钟情"虽然也出于当时一时性的灵感，但如果要你们举出什么具体根据，也是说不清的。这种钟情往往发生在某一特定场合，是当事人的心理状态与对方的眼神、表情等综合起来得出的推测。变态心理者的"钟情妄想"却不同。他们"一见钟情"的心理基础是不符合常情的。越是遭到拒绝越能激起他（她）们的爱意，随之而来的是变本加厉的追求。

还有的精神分裂症病人的钟情妄想完全是以病理性为基础的。有一位患精神分裂症的大学生，突然认为班里的一位女同学是他的情侣，就向那位女同学做出一连串的追求行动，被问及他的根据是什么时，他说："我的生日是1976年6月19日，'19'是同学的学号，'76'是我的学号，6月19日，是观世音菩萨生日，'1976'连起来说明我俩是前世姻缘，是观世音菩萨指定的而且一定要在观世音生日这天结婚。"这使得那位女同学感觉莫名其妙。

对于正常的单相思要使其学会面对现实，不要沉浸在不切实际的幻想之中。一旦已明确对方的态度后，要自我坚强，努力从爱情的羁绊中解脱出来。转移注意力是最好的办法，把主要精力放在学习上将会减轻痛苦。"一见钟情"的姻缘固然也有美满的，但如果不与对方经过一定阶段的相处、了解，单凭"一见钟情"就立即情深意长起来，是很危险的。因为"一见钟情"的一刹那间，对他（她）钟情的是对方外表上的长处，如容貌、身材、气质、风度等，外观上的长处不能代表内心的一切。

单恋有多种类型：

羞怯型：此类型的你，往往默默地强烈地爱着一个异性，但由于害羞，或是胆怯，不敢向对方表露真情，因而陷入无边的自我苦恼中。

执拗型：这类型的你对心意的对象表达了爱意，却遭到了拒绝，但热烈的爱情并不会因此削减。

幻想型：所爱之人远在天边，可望而不可即。或是明星，或是传奇英雄。明知连走近对方的身边都不可能，却无法熄灭心中的爱情，日夜空想念。

男女都会出现单恋现象，而以青春期女性为多。处在这个时期的青少年，爱情以浪漫型为主，往往呈无固定目标的状态。

单恋者一般性格十分内向，虽然内心热烈，但外表冷静，常常把爱情深埋在心底。一般不采取进攻性的行动，只是沉迷于虚幻的情爱之中。因此，不像失恋者那样受到人们的关注，危害性也不容易看清。事实上，它像一剂慢性毒药，腐蚀着单恋者的心灵。它使单恋者虚度了宝贵的青春。人的一生，青春只有一次。青年时期，正是一个人学本领的大好时期。不把握好大好年华，耗费在不可能结出果实的爱情的幻想中，岂不可惜？

单恋还会腐蚀人的斗志。单恋者一般都认为自己暗恋的人高高在上，并把其奉若神明，把追求、获得爱情作为自己最大的追求。你们心中只有自己所单恋的人，无心再去学习。列宁曾说过："我很怀疑那些在恋爱问题上显得失魂落魄的人，在革命斗争中会表现出可靠和坚忍不拔的品质。这样的人，即使是个极好的，很有才干的青年，恐怕也不会有什么出息。"他的话是很中肯的。

单恋还会造成心理的失调。生活在幻想爱情中的人心灵必然是封闭的。单恋者性格孤僻，情绪低沉，对周围的人和事漠不关心。由于心情压抑，内心苦闷，而又无人可排解，无处疏泄，心理处在失衡的状态。

生活中的交往很多，不一定非要把自己喜欢的人定义为情人，青少年朋友们，你们要在感情上，学会自然大方地和异性相处。不要把自己往"恋爱"这上面套，有时候自己的喜欢并非真正的恋爱，如果能利用对对方的"爱慕"之情来推动自己的学习是更好了！这时，青少年就应该利用这一特殊的感情特点作为学习的动力，让学习与交情两不误，使你在与异性同学交往的过程中做到互补、互学、互助、互保。这样才能避免你们误入"单恋"的歧途，也更利于你们身心的健康发展。

4. 从暗恋的苦恼中解脱

谈恋爱的滋味是美好的，许多的学生都是处在青春期的过程中，但是谁能没有青春发育时的心理呢？但是一些学生因为个人的许多原因，而不喜欢把自己的思想付诸行动上，而是心里面偷偷地开出了爱情的萌芽花朵，这种现象是屡见不鲜的，如何让你们正确看待暗恋这个问题呢？让你们从暗恋的苦恼中解脱出来，是一个值得人们关注的话题。

青春期的少男少女相互喜欢是很正常的心理成长过程。青少年朋友由于世界观尚未形成，对人生、对社会、对世界的看法还较幼稚、片面，个人的思想、道德品质在今后的人生道路上还会有很大的变化，今天可能一致，明天就可能有分歧。在这个动荡不安的时期里，对异性的恋爱往往带有朦胧、脆弱、不稳定的特点，这时家长及其在校老师不必一味排斥，还需理性。

暗恋的困扰，心理发育还不够成熟

随着年龄的增长，越来越多的青少年朋友心理上有了些变化，开始变得不爱说话，没有小时候那么活泼，也没有很多的爱好了，表现的更多的就是自己一个人，喜欢安静，不爱跟太多的陌生人接触，而且思想上也是表现得很散漫。这都是青春期个人的心理上的变化。甚至是有些学生，心中有了自己喜欢的男生或是女生，你也不敢去表露，就默默地喜欢着，不愿自己去打破那层朦胧的对异性的美。这也许就是最初的单恋吧。

人一辈子，哪没有一个自己喜欢的人呢？但是有时你就是喜欢偷偷地喜欢，其实这种做法也是不正确的。要学会真正的看待感情这个问题，不要去单相思了。要知道，单恋也是没有任何意义的，甚至是没有一个很好的结果的。

以前，有个男孩子，他总是喜欢去学校的大阳台上去坐着，每次一到放学，他的心情都是难以平静的，他都每天准时地跑到学校的阳台上去，因为在阳台上他可以看到自己喜欢的女生，他每次只要是一看到她，心里有再不高兴的事情，都化为虚有了。刚开始，他还是一如既往的去等到放学去看那个女孩，但是过了很久，那个女孩子都没有出现在校园里了。他感到顿时的很失落，后来，他暗自每次上课时，脑子里全是那个女孩，最后，他的成绩一直下降。

透过这个事例，可以看出这个男孩的心理现在就属于暗恋心理。因为自己很喜欢那个女生，但是那个女生后来不知道因为什么原因，再也没有出现了，他就心情很糟糕，最后影响到了他的学习。

可见，暗恋也是一种错误的心理。你应该了解什么是暗恋，清楚地明白自己到底是在做什么事情，对没有结果的感情应该少投入点，或是不要去投入。那样，对自己的成长也是十分有益的。

摆脱暗恋，找一个属于自己的世界

暗恋是一种世界性的社会现象，青少年男女的暗恋与你们的身心

特点及环境影响有关。其主要表现为以下几个方面:

1. 暗恋是你们作为学生对异性的好奇与探索的心理

随着年龄的增长,在生理成熟的生理基础上,青少年对异性产生了强烈的好奇心理,致使你们有一种蠢蠢欲动的探索,你们在情感与理智之间,容易选择前者。特别是中学生的你,你们对异性特别敏感,一旦意识到相互之间的爱慕之情,往往克制不住情感的冲动,迅速进入盲目的热恋之中。一旦遇到挫折,往往一时承受不住,甚至酿出悲剧。

2. 暗恋与暗示心理有关

这一时期的青少年们最容易受暗示,"心理暗示"对于你们认识世界、评价自我的情感、行为都有着巨大的"磁化"作用。青少年学生的你喜欢独立但又必须依赖他人,渴望成熟但又难逃幼稚,这一充满矛盾、充满困惑的时期使你们自己也难以做出抉择。这样同龄人之间的相互影响、相互暗示,对恋爱具有推波助澜的作用,尤其是女生,则更容易受同伴的暗示或影响。

3. 暗恋与社会环境有关

青少年虽然绝大多数在学校接受教育,但同时又是社会的一员。现代社会中,各种各样的与性有关的内容很多。作为青少年学生你的心理发育还未成熟,你们不具有自我判断、自我选择的能力,因此经不起各种诱惑。还有社会上恋爱婚姻的悲欢离合,无时不在影响着青少年,无时不在牵动着他们的心。

4. 暗恋与枯燥的课余生活有关

课余文化活动的单调和缺乏,对"暗恋"的出现,在客观上到了激发作用。由于学习生活比较紧张,而课余文化生活又很单调,他们感到紧张、单调、枯燥、压抑、厌倦。正是由于这种紧张、单调的生活,使得你们的发泄和归属感更为强烈。你们渴望着一种丰富多彩的生活,于是你们把恋爱看成是为生活增添色彩的调品味,在学习之余,用恋爱打发所谓无聊的时光。

暗恋的危害:

1. 分散精力,影响学业

暗恋中的你们有许多出类拔萃、成绩优异者,但由于暗恋,使你们过分好奇、兴奋、痴迷。过分沉醉于爱的幻想中,这一切对于涉世不深、意志薄弱、情感易于冲动的你们本来就是一种"超负荷"运载。在单恋的沉重的几乎要压垮全部稚嫩心灵的超负荷运载下,无心学习,成绩下降,是十分自然的,也是屡见不鲜的。

2. 感情脆弱,种下苦果

通常情况下,喜欢单恋的你,往往是那些内心比较保守的你,你们的内心世界常常是不容易表露给外面的,对于此时成长中的单方面的感情,容易很脆弱,一击都破碎,但是又不得不需要去改变,单方面的恋爱容易让人的精神上受到一定的打击,从而使人在某一方面上丧失了精神上的斗志。

3. 暗恋不仅涣散了意志,而且还影响了风气

在学校,班级中出现了男女学生暗恋,就会产生种种反响。一些人把暗恋事件当作课余饭后谈论的焦点,探听恋爱者的行踪和隐私活动,相互传播取笑,转移了大家的学习兴趣和注意力,严重影响了学校的风气。

此外,处于暗恋的男女学生喜欢独自一个人,为避人耳目,你们时常会找一些没有熟人、僻静的曲径幽巷,自己默默去喜欢那个发自内心的"梦中情人"。讨厌别人去干扰自己的私生活。长此以往,这种单人的世界会逐渐脱离大众,你们也很少与班级多数同学正常交往,

与集体和同学逐步形成隔阂，从而把自己推到孤立的位置上去。这些实际上是画地为牢，使自己都失去了许多真诚的朋友和纯洁的友谊。

4. 情极不稳定

处于青春期的少男少女，你们谈恋爱，大都是在身心不成熟的情况下进行的，加之你们没有经济基础，经济来源多半寄托于父母。因此，这种爱没有什么牢固的根基，是很容易中途夭折的。你们初入情网时往往信誓旦旦，甚至山盟海誓。但随着时间的流逝，你们由中学进入大学，或走向社会，知识和阅历逐渐丰富，生活经验不断积累，真的成熟起来，并确立了各自的世界观，有了新的择偶标准。有人作追踪调查，暗恋者婚姻的成功率极低，中学时代暗恋的人，为这种最终苦果多于甜果的"爱"，而耗去大量人生最美好的时光，未免太可惜了。青少年朋友应该仔细地观察和体会这一事实。

暗恋已经是一种不可忽视的社会普遍现象，作为青少年应该自己不提倡，但也不应排斥、压抑。它是自然的产物。要正确认识和对待自己的"暗恋"。

暗恋并不可怕，它不是洪水猛兽，它是人成长的自然过程。如果恋爱了，要掌握好友情的爱情的区别。爱情是神圣的，是要负责任的，不是说句"我爱你"就开始恋爱了，更不是天天聊聊"我爱你"那就是爱情。此时你的恋爱观还比较肤浅，大多数停留在相貌、造型、品德等单方面的爱慕之上，而忽略了其他方面的了解。更多是友情而不是爱情。你要考虑好自己的感受。在中学年代，你们之间还是友情，真正的爱情很少。因为你们还不懂什么是爱情，爱情，不光是相互爱慕，帮助，相互学习，更是一种责任，是一种对自己，对对方的感情、生活，对对方的未来的责任。

5. 克服失恋后的心理危机

青少年正处于生长发育的过程中，其身心的发育还不够健全，这时的思想还是不够稳定的，很容易发生变故，所以，很多的恋爱也将会在中途或是某时就破裂了。感情的双方处于失恋状态，这时，对于自己，应该想开点，不能总是想着痛苦的事情，要保持一个乐观的心情去看待问题。

青少年朋友，你由于生理、心理的逐步成熟，都会萌动春心，涉入爱河。这种挚情之恋是青年男女所憧憬的，它犹如一杯甘醇芳馨的美酒，令人陶醉其中。然而，有恋爱就有失恋，这是一个辩证的自然法则。同时，失恋对于任何人来说都是一杯浓烈的苦酒，都会在他的灵魂深处烙上深深的印痕难以磨灭。有时，这种不可言说的心理隐痛会一直伴随着他整个生命的旅程。人毕竟是有感情的，而爱情又是那么的令人心醉神迷，因而，当这种纯厚、圣洁的情感幻灭之时所给人带来的灵魂深处的骚动，当然也是痛苦而激烈的。失恋，往往会将人的情感从峰巅推入深谷，逼迫人们接受情感的折磨、痛苦的煎熬。

失恋——恋爱失败的消极心态

所谓失恋，是指一个痴情人被其恋爱对象抛弃。失恋引起的主要情绪反应是痛苦和烦恼。大多数失恋者都能正确的对待和处理好这种恋爱受挫现象，然而，也有一些失恋者却不能及时排解这种强烈的情绪，导致心理失衡，性格反常。不同的个体，往往会出现以下几种消极心态：

第一，羞愧难当，陷入自卑与迷惘的心理不能自拔，"从此无心受良宵，任他明月下西楼"，心灰意冷，怯懦封闭甚至出现轻生的念头，成为爱情殉葬品。

第二，失恋的人仍死心塌地地爱着抛弃自己的人，对逝去的爱情充满美好的回忆与幻想，自欺欺人，陷入了单相思的泥潭，也有人会出现一种既爱又恨的特殊感情矛盾。

第三，因失恋而绝望暴怒，失去理智，从而产生报复心理。或报复对方；或自残；或从此嫉俗厌世，什么都看不顺眼；或从此破罐子破摔，得过且过。

曾经有个女孩，在15岁时候，谈恋爱了，并且她十分钟爱她的男朋友，她们一直恋爱到了初三的时候，因为男孩要好好学习，想报考她们市里的重点的高中，无奈的情况下，他们分手了。后来，女生想不通，心里一直牵挂她的男朋友，承受不了失恋的痛苦，很受打击，居然放弃了自己的学业。

这样的事情，就是失恋的后果，因为女生心理想不开，而造成了严重的心理压抑，最后竟自暴自弃。但是这样能挽回失恋的痛苦吗？

不同的失恋者心理反应也不尽相同，这些心理反应会严重影响青少年的身心健康，甚至会导致一系列社会问题。像这样的例子还有很多，比如：某大学男生因女友与其提出分手而退学。这些都是人们不愿看到的事实。

处于青春期的少男少女总是富于激情和幻想，会陶醉于匆匆而至的初恋。此时的他们最容易沉溺于爱情的深海之中，而缺乏长远的考虑和准备。而且，少男少女的情感虽然纯真却显得稚嫩，很易受挫折。因而，一旦遭受失恋的打击，就很可能肝肠欲裂、身心交瘁，深深地陷入痛苦的境地而无法自拔。对于不同性格特征和社会特征的人，对于失恋也各有不同的情感态度。

摆脱失恋，重新面对人生

失恋，对于一个活泼、多血质的人来说，相对来说是比较容易接受的。当猝遭失恋之锤重击时，他或许会非常敏感地作出反应，情伤意悲，不能自抑。但他很快就能使自己从痛苦的情绪中解脱出来。恋爱过程中最大的挫折莫过于失恋。失恋给人们带来的烦恼和苦闷对于没有失恋过的人来说是无法想象的。失恋，既可以使人消沉，也可以使人奋起。失恋心理是复杂的，剖析这种心理，对人们认识它、消除它不无裨益。失恋，就其实质而言，是爱的心理平衡被打破，是恋爱两人之间的情感共同体的解组。造成这种不平衡和解组的原因有来自社会的、家庭的、个人的。而失恋者也就是把自己的失恋情绪发泄到了社会上，所以才会有这么多不该发生的悲剧。

失恋应该是一种幸运。失恋，证明你真正爱过了。如果没有的话，也就无所谓失恋。要知道在这个世界上，一辈子都没有真正爱过的大有人在。同这些人相比，你在人生中已经赢得了让人羡慕的一分。尽管后来失去了。但是你的人生已由此变得丰富，感情由此变得深沉，气质由此次变得成熟。解决失恋的最好办法就是微笑，对自己，对别人，对对方，这对谁都有好处。要清楚地明白，失恋对双方的打击都是一样的，要站在不同的角度看自己，看别人。走自己的路，不要灰心丧气，祝对方好运，不可愤恨。

那么，青少年，你们该如何走出失恋的痛苦呢？

一、失恋不失志。失恋后决不能萎靡不振，失去对事业追求的志向和信心。

二、失恋不失德。不要因为失恋的痛苦，认为自己解不开心结，去做过激的蠢事。它是愚昧无知的表现，不但不是解除痛苦的良药，还会是违反道德人性的源头，结果只会是害人害己，还有可能触犯法律。

三、找人倾吐。失恋者精神遭受打击，被悔恨、急怒、失望、孤独等不良情绪所困扰，失恋者可以找一个能推心置腹的朋友，一吐为快，以释放心理负担。可以用口头语言，把自己的烦恼和苦闷向知心朋友毫无保留地倾诉出来，并听听他们的劝慰和评说，这样心情会平静一些。也可以用书面文字，如写日记或书信把自己的苦闷心情记录下来，或给自己看，或给朋友看，这样也能释放自己的苦恼，并寻得心理安慰和寄托。

四、移情。及时适当地把情感转移到失恋对象以外的人或事上。如更亲近同性朋友，倾吐苦水，寻求开导和安慰；积极参加各种有益身心的娱乐活动，释放苦闷；投身到大自然中去，从而得到抚慰。

五、失恋后要培养乐观豁达的健康心态。冷静地分析失恋的原因，吸取一些教训，这样有助于心情的开朗。还要振奋精神，把眼光投向未来，向着自己的目标前进。当然，失恋后就想独身一辈子，放弃对爱情的追求，这是不现实的。没有爱情的人生称不上完美，应该继续去叩响爱情的大门。

六、立志。失恋者积极的态度会使"自我"得到更新和升华，全身心地投入到学习中去，许多失恋者因此而创造出了辉煌的成就。像歌德、贝多芬、诺贝尔、居里夫人、牛顿等历史名人，他们都曾饱受过失恋的痛苦。他们的做法可谓是用奋斗的办法更新自我，战胜自我，他们是积极转移失恋痛苦的楷模。

人总是在受伤中长大的，失恋只不过是人生中的一个经历而已，它绝对是丰富人生阅历的精彩篇章。有人"身在其中，不知何去何从。"那就用时间这个特殊"药物"来治疗吧，一定能迎来另一片安宁。青少年要学会在失恋中重新找回自己，增加自信，不要从此堕落下去，要相信有过了一次美好的回忆也就知足了。学会积极地面对自己以后的人生，你的人生将会更加灿烂。

第二节　获得美好情感

1. 青春期性心理意识的发展

人们都在变化，心理也是随时都在发生变化的。青少年，你要在这时，心理上也有了一点点的变化，受到外界的文化氛围的影响，心理意识也在不断地变幻着。由于性知识方面逐渐地深入到你们这一特殊群体中，不少的青少年朋友们也对性意识也有了一定程度的心理发展。

青春期是青少年朋友们的大脑日趋走向成熟的时期，此时，你们的心理活动千变万化、丰富多彩，由于生理的发育逐渐成熟其心理便自然产生了性意识，渴望了解性知识，因此，对异性也产生了好感。同时，你们接触社会的范围也慢慢扩大了。大部分青少年都能顺利地度过这一阶段，但也有些青少年朋友却因为不断的生理变化在心理上会产生不安的情绪，进而影响到其身心健康的成长。

青少年要了解基本的性生理

青春期给你的身体带来了巨大变化，因此，了解性知识对处于青春期的青少年朋友们具有特别重要的意义。青少年，你要正确对待青春时期出现的一些性生理心理现象，对性冲动要保持冷静、理智的态度，在成长发育期间产生的性生理疾病和性心理障碍，要学会自我调节、自我完善。

16岁的小琼是有一张天使般的面孔,可她却不是天使而常常被人称为"假小子"。原来,小琼父亲家里几代单传,到他这儿生下的却是个女孩。从小全家人都把小琼当成男孩来养,穿肥大的男孩衣服,留着小平头,说起话来粗声粗气。小琼还讨厌和女孩一起玩,而是整天与男孩子们混在一起,张口就是"哥们儿"……她对自己的性别已不愿接受了。

这就是明显地对自己的性心理意识发展的模糊,导致了许多的青少年朋友不能清楚地认识自己。

青春期是儿童走向成人的过渡时期,这个阶段的青少年在生理和心理都发生了巨大变化,尤其是性器官的发育及第二性征的出现,不管是少男还是少女在心理上都发生了巨大变化,青春期性生理的主要特征如下:

一、强烈的性冲动。青少年们具有强烈的性冲动是性成熟的一种正常生理和心理反应,也是一种比较常见的自然现象。然而,这种自然现象可以通过坚强的意志来加以调节和控制。思想健康、意志坚强的人能够调节自己的性心理的,同时,也能控制自己的性思维和行为,从而保证身心健康的成长;相反,如果意志薄弱、追求低级趣味的人,则很容易受性冲动的驱使,做出一些有损自己身心健康的事,这种行为对青少年的健康极不利。

二、迫切地追求异性。处在青春期的青少年渴望自己得到异性关爱,为此希望自己能得到一个理想的配偶,这是人之常情,可以被理解。但作为一个有梦想、有志气的青少年应该坚持自己的原则,把学习和理想放在第一位,正确处理好青春期的性萌动,使自己保持一个良好的心理状态,用自己的满腔热情和全部精力投入到学习中去。

三、对异性充满好奇。由于青少年缺乏性知识,于是对其便产生了强烈的好奇心。这个年龄阶段的青少年不仅渴望了解性知识，还想了解自身性发育的情况，更想弄清楚异性的奥秘；所以，由于你们强烈的好奇心希望能与异性交往。

四、暂时的疏远异性。在青春的发育初期，青少年经常会避开异性同学，这种现象女生比较多见。这主要与生理的发育因素有关。由于第二性征的出现，使青少年对自身的生理和形态所发生的剧变感到茫然与害羞，因此，不由自主地对异性产生反感和疏远。

五、羡慕长者的无忧无虑。青少年时期经常会对周围的一些优秀人员有仰慕爱戴、心神向往的心态，而且会模仿这些优秀人员的言谈举动，以至入迷。

青少年时期，要学会自我调节

由于身体日渐成熟，有性意识也是很正常的，如果你的注意力集中在异性的方面，很可能会出现偏差，而且还会影响正常的学习和生活。因此，青少年要自觉地用理智来进行自我调节，淡化性冲动，取得心理上的平衡，使身心能够健康发展。

1. 坚持与异性朋友文明交往。学习、工作和生活都不可避免与异性交往。如果与异性的交往不慎，就会带来很多不必要的苦恼和麻烦，尤其是青少年时期的男女青年，更是如此。因此，青少年应该树立正确的交往理念，在与异性交往时要坚持自然、大方、文明。对于青少年来说，正是钟情怀春的初期，在此交往时更应该心地坦白、自然大方。如果对某个异性产生好感时，要学会理智地控制自己，战胜情感的冲动。在交往时也要注意时间、地点和场合，要注重自己的言谈举止，既要热情大方，又要文明礼貌，努力把自己塑造成一个高尚风度的青少年。

2. 大量的补充知识。在目前的知识时代，知识就是万力能源，一个人知识越多,就越聪明越理智;其精神生活就会丰富多彩,生活就会充实、快乐,这样,就不会把注意力过于集中在性方面。所以,青少年要把精力放在学习科学文化知识上,同时,也有必要掌握一些科学的性知识,这样就可以摆脱性恐惧、性愚昧、性神秘所带来的烦恼了。

3. 不要接触那些不良的刊物。如色情的书刊、影视或图画等,这些东西都会刺激青少年性冲动,它不仅影响青少年的正常学习和生活,还容易诱导青少年走上性犯罪的歧途。所以,青少年在受教育的过程中,一定要严格要求自己,要努力抵制那些不良的影像书刊的诱惑,确保自己健康快乐的生活。

4. 要做一个有理想的人。青春期是人一生中的黄金时期,一个有理想、有目标、有追求的青少年,会在精神鼓舞下千方百计克服种种困难,然后积极向上,不断进取。因为学习和事业是生活中主导的部位,而恋爱和婚姻只是生活的一部分,所以,对于有理想、有抱负的青少年,会时常把精力放在学习和追求理想方面,会摆正自己的学业和生活位置,把握好事业与爱情的关系。

5. 自我调节与自我暗示法。青少年时期需要锻炼坚强的意志,如果出现性冲动,可用自我暗示法,来调节自己的情绪,如"要冷静,不要冲动"等;这种强大的动力,对于疏导、调节青少年的性欲冲动有着巨大的积极作用。

总之,为了青少年的身心健康成长,我们要给予正确的引导,使其有利于他们的幸福和发展。也让青少年对性有一个正确的观念,使他们能够成为高尚、健康、幸福和大有作为的人。

青少年随着性意识的发展,要正确地认识男女之间的交往,学会自我调节身体以及生理方面的发展,不要过分在意自己的身体,那都是正常的生理现象。因此，不要太过于回避性问题，不敢面对性。对自身的性意识也要科学地认识。

2. 青春期恋爱的心理影响

青春是不容错过的时期，在青春期间，中学生的心理是复杂多变的，并不是那么简单的，这时的学生心理浮动比较大，容易受到外界的影响，一旦遇到有什么特殊的事情的时候，就会表现得格外敏感。因此，青春期时的恋爱也是一个很敏感的话题。学会眺望爱情这片繁花似锦的海洋，保持良好的心理是十分重要的。

德国作家歌德曾经说过："青年男子哪个不善钟情？妙龄少女谁个不善怀春？"青少年朋友们爱慕异性，是极为正常的心理现象，每个精神发育正常的青少年们都会有这种感情的自然流露。进入青春期后的青年男女彼此向往、相互爱慕，是青少年性心理发展的一个重要阶段，也是青少年朋友恋爱成功与婚姻美满的性心理基础。一般来说，与异性的正常交往，是心理健康发展的需要，对于激发美好生活的追求，鼓舞奋进的理想，具有不可替代的作用，但彼此对异性追求的情感特点却有所不同，男青年对爱情往往表现得外露、热烈，显得热情奔放，但较为粗犷。女青年对异性的爱慕情感往往含蓄、深沉，表现为娇媚、自尊，而略显羞涩、被动。

心理波动比较大

进入青春期，随着身体发育的成熟，少男少女开始渴望接近异性。对异性有更进一步的接触也在情理之中，因为异性间的自然吸引是人的一种情感需要，但是由于年龄还小，性心理发育还不成熟，驾驭感情的能力还很薄弱，还缺乏冷静地分析人和事以及用伦理道德约束自己的能力。所以，如果过早涉及感情问题，容易造成因失去理智而做出不该做的事，给自己及他人的身心造成难以愈合的创伤。

处于青春期的青少年，你们开始向往和追求异性，也是其性生理发展的正常阶段，恋爱也是其中比较正常的心理现象。青春后期的青少年，生理和心理都有着急剧的发展，双方有了渴望相互交往，相互之间交流的情感体验期，所以就会自然地被异性同学吸引，而心理上想接触异性和异性交往的想法也就更加强烈了。

刚上初二的学生李芬，性格比较活泼，喜欢结交很多的朋友，她刚开始在初一的时候认识了几个外校的男生，就特别注意自己的打扮。开始变得爱和男生说话，并且特别喜欢和一个大她一岁的王刚在一起，她不知道那是什么。因为平时自己总是大大咧咧的，也不在乎自己的想法，后来，只要是一天没和王刚在一起，就特别地心情不好。王刚也喜欢和她在一起，但是两个人都不知道那是爱情不是。

其实，这就是一种潜在的恋爱过程。双方在彼此相处的过程中，都对彼此有好感，并且喜欢和对方在一起，但是由于青春期的发育，彼此又没有清醒的意识，青春期时的恋爱的心理就是这样，有些神秘。

这一时期的青少年，女性性意识比男性成熟早，在内心体验上，男生多新奇、喜悦和神秘，而女生则常常是惊慌、羞涩和不知所措；在表达方式上，男生一般较主动，而女生则较为被动，往往采取暗示的方式。

青少年时期的心理特征

随着青少年"恋爱"出现低龄化的趋势，专家们一致认为造成这种趋势的原因是现在学生身体发育早、成熟期低龄化，是社会各种媒体的不健康信息对他们的影响。"恋爱"实际上只是一种异性吸引的激情，并不是恋爱的本质内容。更何况感情问题，不是现在要思考的问题,更不具备处理这个问题的基本条件和能力。现在应当思考的问题是如何圆满的完成学业,为将来的事业打好基础。所以,对有过早"恋爱"倾向的男女同学要尽快摆脱。恋爱期间的青年男女双方心理一般都具备下面的几种特性。

第一,直觉性。男女之间会出于直觉将对方美化,并被对方所吸引,所谓"情人眼里出西施",就是把自己所希望出现的特征赋予对方;所谓"月移花影动,疑是玉人来",则是把自然景物和周围环境都打上了爱情的印记。这种直觉性的恋爱可能会让自己在学习、工作中心猿意马,容易出现差错,所以处于恋爱期的青年男女应注意控制情绪,利用爱情的强大动力,相互帮助,共同提高。

第二,隐蔽性。青年男女在热恋期间最明显的特征就是在言辞方面,含蓄且富有诗意;行为方面,隐蔽且富有德行。简言之,他们在言谈、举止、目光、表情、行为方面处处体现着一个"爱"字。

第三,排他性。热恋期间的青年男女往往具有独占心理,会对意中人专一挚求、忠贞不渝,会排斥对对方有好感的人,不允许第三者介入,容易"吃醋"。有这种心理的青年男女应该明白,爱情是宽容的,要尊重对方的人格,允许对方保持正常的人际交往。心胸狭隘、自我封闭非常不利于爱情的健康发展。无故猜疑、干涉别人人身自由必然会给自己和对方都带来烦恼,甚至导致爱情的破裂。

第四,波动性。这个期间的男女的情绪变化很大,反复无常,热可达到白热化,冷则骤降至冰点;高兴时喜笑颜开、手舞足蹈,懊恼时则垂头丧气。这种大起大落的情绪变化有时会对身心健康带来不良影响。所以应通过加强自我修养、不断进行自我完善,减少自己的情绪波动。

第五,冲动性。处于热恋中的青年男女,认识活动范围往往会因对异性的专注而缩小,理智分析能力也会受到抑制,习惯行为受到破坏,此时发生的许多事情与平时可以完全不同。同时由于控制自己的能力减弱,往往不能约束自己的行为,不能正确评价自己行动的意义与后果,因而可能导致一些不理性的事情发生,甚至做出违背道德的事情来。为了避免自己的冲动造成无法挽回的恶果,处在热恋中的青年男女应该互相尊重,自我尊重,保持爱情的纯正和贞洁。

青春期的男女双方可以通过与异性正常交往,取长补短,提高自己的智力活动水平。同时异性之间的情感交流,可以让人感到温暖,达到心理上的平衡。正常的异性交往能给双方造成一个发展各自优点的最佳环境,男女生都想成为受异性注目和欢迎的人,都会极力地改变自己、完善自己,这是自我发展、自我评价、自我完善的最佳心理环境,对克服自己的缺点和弱点是一个难得的促进机会。

3. 远离"师生恋"的泥沼

"恋师情结"一般发生在处于青春期的部分学生身上。进入青春期后,中学生开始对异性产生兴趣和注意,产生朦胧的性意识。由于老师们有知识、有修养,比较成熟,再加上对学生们循循善诱,热情帮助,这很容易博得男女生的倾慕和好感,进而导致"恋师情结"的发生。"恋师情结"是青少年朋友们性意识发展过程中可能出现的个别现象。

情窦初开的羞涩少女喜欢上英俊帅气的男老师,青涩多情的阳光少男迷恋上清秀温柔的女老师,这并非是琼瑶小说中的情节,而是不少人学生时代的经历。这种青少年的恋慕对象指向年长的异性,尤其是老师,心理学上称之为"牛犊恋"。这是一个大家都关注的话题,师生恋常常会在平静的校园里激荡起阵阵涟漪。尽管类似鲁迅与许广平等师生恋终成正果的例子也不少,但更多的师生恋则是辛酸的。所以从某种意义上来说,"恋师情结"也是种不良的心理。

青少年,千万不要陷入"师生恋"的泥潭

"师生恋"同"老少恋"一样,绝大多数不会有好的结局。这是因为你此时的思想和情感尚处于幼稚阶段,对老师的背景、性格等各方面缺乏了解和判别,多半是一时感情冲动,盲目性很大。也许恋情来得热烈,但由于缺乏实在的基础,很难持久。加上读书时代谈恋爱容易分散精力,影响学业。一个很有发展前途的青少年有可能会由于和老师谈恋爱又不为周围的人接受,感情受到挫折而无心学习,使学习荒废,甚至辍学。

晨晨是一名高一学生,他的英语成绩一直处于班级下游,为此,温柔秀美的英语老师每天都单独开小灶为他补课,试图让晨晨的成绩突飞猛进。与老师单独接触的时间长了,晨晨不知不觉从内心喜欢上了自己的英语老师。他喜欢老师微笑时翘起的嘴巴,喜欢她披散的长发散发出的阵阵清香。后来有一天,他突然听到老师要结婚的消息,晨晨顿时感觉五雷轰顶,内心世界感到迷惘和抑郁。

从这个案例可以看出,青少年们的性心理转变有一个突出的特点,就是易将爱恋转移到年轻的异性老师身上。因为师长是青少年朋友们首先认识和学习的榜样,而作为学生,对老师的感情往往会由尊敬、爱戴进而转成为爱慕。然而爱上老师的学生往往又是惶恐不安的,如果你们处理不当,便会走向极端,甚至导致心理障碍或疾病。

毫无疑问,在"恋师情结"中迷惑的晨晨需要指点迷津,而教师的楷模作用、教育方式和青少年心理的理解是预防、解决你们心理障碍的重要因素。如果青少年自身都注意学习基本的心理知识,接受正确的青春性心理教育，便可以大大减少青少年青春期的恋师困惑。

影响青少年"恋师情结"的性心理

其实，"恋师情结"都是青春期懵懂的性意识引起的。由于异性老师身上优点更为突出，有成熟的人格和成功的事业，如果再加上或英俊潇洒，或温柔善良，那绝对会成为男女生暗暗爱慕的对象。这种心理是很正常的，但如果沉溺其中不能自拔，会对青少年产生很大的影响。凡是恋上老师的少男少女，都会存在这样的心理：

一、纯真的精神人格向往。从观察可看出，青少年朋友们迷恋的异性教师，往往是那些仪表、风度、智慧和人格出类拔萃，对学生倾注了无私的爱，深受学生钦佩敬仰的人。从心理来看，中学生这种对异性教师的钟情与"英雄崇拜"，实质上是他们内心自我完善动机的自然流露，是个体迷恋追求的理想自我形象在崇拜对象身上的投射反映。

二、心理的闭锁性和不切实际的虚幻单恋。调查发现，"恋师情结"者大多具有闭锁心理，他们极少向父母、师长或好友吐露内心的这种隐秘，这和青少年中流行的追星族的张扬、炫耀和模仿有着很大区别。由于传统的伦理观念和来自社会舆论的压力，人们对于年龄、能力、社会地位悬殊过大的恋情，通常采取不接纳态度，这种无形的压力迫使许多中学生将自己的情感深藏在心底，表现出严重的闭锁心理。

三、表现一定的性别差异与个性差异。"恋师情结"存在某些性别差异，一般以处于青春萌发期的少女居多。这可能是由于青春期的女孩对情感的要求比较深刻和细腻，有高度的情绪易感性，渴望被人理解和保护，以及与男孩心理的成熟错步差异有关。在个别差异方面，这种情感的发生以内向型的学生居多，尤其那些缺乏家庭温暖与关爱，性格孤僻的青少年是"高发人群"。

四、不稳定性。研究证明，绝大多数青少年的"恋师情结"都是难遂其愿的。一是同龄异性的相恋，较容易有共同话题。而"恋师情结"多是一种精神上的单相思，被倾慕的教师往往并不知晓，即使偶尔有所觉察，大多也能以一种慎重、得体的态度，巧妙地加以处理。

青少年"恋师情结"也与社会有关

第一，在青少年后期，你们心中的父母形象会变得越来越渺小，独立意识变得强烈，逃脱家庭、远离父母监护的愿望膨胀，渴望着能重新选择一种活法。但因为自己的能力有限、经验不足，常使你们感到束手无策，你们渴望理解与帮助。环顾周围，你们发现，与自己朝夕相处，关爱关心自己成长，传道解惑的老师，有阅历，有才华，有智慧，充满成熟之美，很容易占据你们的心灵，成为你们崇拜的偶像。于是有一些学生便会对异性老师产生爱慕之情。

第二，青少年中出现的恋师现象，是"恋父母情结"的另一种体现方式。人们的社会化过程是由家庭、社会、学校共同来完成的，性格的形成受家庭教育方式、父母的爱抚以及家庭氛围的影响深刻，父母的过分溺爱会造成你们对父母的心理依赖，没有很好地完成自我成长。在学校，你们在潜意识中也渴望得到父母般的关爱，而这种爱很容易转移到关心爱护他们的老师身上，并误把它当成一种爱情。

青少年对老师产生的崇敬和倾慕应该珍惜，不要用非理性的行为去玷污它，师生情谊一旦变为恋师情节，就会失去它的美好，随之而来的只会是无尽的懊悔。

为自己制造更多与异性交往的机会，鼓励男女同学间发展正常的友谊，解除对异性的神秘感，对他们性心理的健康发育是十分有益的，也是非常必要的。

4. 不要贪恋一时的爱情

有句话说得好：生命诚宝贵，爱情价更高，若为自由故，两者皆可抛。真情是能经得起时间的考验的，而中学生的爱情则不是这样的。很多的感情都是不稳定的。爱情虽然是自己人生中很重要的组成部分，但是要知道如果贪恋一时的爱情，那么人生就将失去得更多，特别对于青少年时期的爱情。

爱情是人生中的最美好的记忆，但是很多时候，我们又不得不割舍伟大的爱情，一时的爱情虽然能带给人们一段很温馨的岁月，岁月能让一个人在精神上有支柱，能催人泪下。但是那都不是长久的事情。

心理发育不成熟，很多的思想都在不断地随着社会的变化而变化着，所以，此时的爱情更是纸上谈感情——空头支票一张。所以应该合理地面对少年时期的爱情，仔细斟酌为好。

感情再深，也只是一时的爱情

随着年龄的增长，很多的爱情也将会渐渐淡去。你因为此时年少无知，很多事情都还不是很懂，对人生的感情还拿不稳，不知道什么是真正的感情，而什么不是真正的感情。这一阶段的恋爱，就是刚进入青春期，因为双方彼此都是同一阶段的学生，生理上或是身体上的变化，使你在心理上有了一点点的朦胧的感觉。然后，因为彼此都受到了一定的对异性的吸引，而慢慢地谈恋爱。

刘云和小志一直是学校公认的"模范情侣"。因为两人从10岁开始一直关系都很好，而且两家住得很近，两个孩子自小就喜欢在一起，他们有着共同的爱好，一起上学，一起放学，常常在小志成绩不理想的时候，刘云都格外地关心他。他们从小到大建立了一种很相爱的情侣关系。但是由于小志家要拆迁了，于是小志不得不随家里搬往别的地方去了。刚搬走的时候，他们还一直很好，但时间长了，他们的感情开始出现隔阂，很多的意见都不统一，而且还经常地吵架。最终弄得大家还是不欢而散。最后在临毕业的时候，他们还是不愿跟彼此说话，并且始终都躲着对方。

这种现象就是暂时的爱情，虽然刘云和小志可以说是"青梅竹马"。但是还是受到了周围的影响，导致两人分手。即使两个人以前的关系再好，感情再深，还是摆脱不了彼此心理上的隔阂，也许这就是青少年时期感情的脆弱性吧。

你在谈恋爱的过程中，起初对彼此的印象都是很好的，并且在心里一直都保留着一定的地位，占据着很重要的空间，大家都很喜欢着对方，彼此心里面也很思念着对方。所以，这样的爱情是经不起风吹雨打的，受不了一点的打击。爱情的过程很简单，就是两厢情愿的结果，但是突然遭受了一点的曲折后，避免不了的就要分手的。

合理地处理感情，不贪恋一时的爱情

青少年应该在谈恋爱的时候，对自己所处的感情做出一个明确的选择。要确定好自己的人生目标，而不要为了贪恋一时的感情，而抛弃了彼此间的友情。应该正确地面对彼此之间的感情，合理地去处理自己的感情，不要盲目任它发展，更不能产生消极的心理情绪。

真情是经得起时间考验的，假如双方真的拥有了彼此间的爱情，那么可以在以后心理年龄比较成熟的时候去解决。

你要学会不贪恋一时的爱情，合理地处理好自己的爱情，可以把对方当做是人生路上的一个密友或是一个知己，一个最要好的朋友。

有人把朋友分为三类，短期的朋友，长期的朋友以及永远的朋友。在彼此处于爱情的缓冲期时，应该把对方当做自己的永远的朋友。应为和对方一段时间的了解，对方的很多的爱好或是习惯都已经知道了，大家很多的东西在彼此眼中也已经成了一种无形的资产。这时，应该建立一种很友好的关系，保持一定的距离。永远的朋友是把友谊当做了一种责任和义务。当自己顺利的时候，大家彼此间的交往也是一种很好的分享。一旦对方有了困难，不需要召唤，对方就会随时随地出现在自己的身边，这样更有利于爱情转变为友情。此时的感情已经不再是以往的爱情了，而是一种责任。他对自己不好了，那么他也不会就此离去。

不要贪恋一时的爱情。如果贪恋短暂的爱情，那么一般对于女生来说，你会越陷越深的，最后很有可能难以自拔。爱情不是那么容易说没就没的，但是只要心理上发生了变化，很多的感情也是付诸于东流，什么都不再回来了。青少年时期的感情也是极为脆弱的，不要那么在意自己的爱情，要知道现在的爱情是很短暂的，经不起一点的打击和挫折的。

青少年，你们现在是长身体长智力的重要阶段，不要把太多的心思放在爱情上，要学会去用心学习科学知识，分散自己的注意力，不要对爱情充满了美好的幻想，其实爱情是很短暂的。所以，青少年一定不能贪恋短暂的爱情。

青少年，你要正确地看待恋爱这个问题，不要把自己的感情想得有多么的伟大，多么的坚定，为了什么都要守护自己的爱情，要适可而止，不要盲目地去恋爱。也不要对恋爱抱太大的希望，真情是经得起时间的考验的，如果你们合适的话，那么以后有的是时间去恋爱。千万不能感情用事，最后反而伤害了自己。

5. 克服性别认同的模糊

随着中学生身体以及生理的变化，性别的特征也开始日趋明显，性别也逐渐地在学生心中有所形成，性别特征的变化让青少年从心里慢慢地起着变化。人们都在变化，心理也是随时都在发生变化。但是，青少年要学会清楚地认识男女之间的性别差异，科学地进行了解相关的生理知识才是最重要的。

步入青春期后，随着生理的发育，青少年对男女差异和对自己的性别有了自己的看法，形成了性别角色观。男性青少年会追求一种男子汉的"阳刚之美"，女性青少年也会追求女性的"阴柔之美"。

男女的正常发育，性别一般都很明显

正确认识自己的性身份，使自己愉快地进入特定的符合社会性别规范的性别角色，是青少年在青春期发育中的一个重要问题。

18岁的小锦很小的时候，家里住平房。为了生活，小锦的妈妈把家里的几个房间都间隔了起来，开了一家小旅馆，而小锦则被挤在房间的一个角落里。那时，有一对女同性恋顾客经常来住店，她们每次所住的都是与小锦仅隔着一块纤维板的同一个房间。夜里，小锦经常在睡梦中被一些声音吵醒，出于好奇，年幼的她便隔着纤维板的缝隙偷偷向里面看，而那两个女人的一些过分动作便在似懂非懂的小锦心里留下了阴影。

上中学后，小锦的妈妈为小锦在学校外面租了一间寝室，与同校的一个女生合住。与那个女生相处久了，童年的那段经历常常浮现在小锦眼前。由于寝室房间很小，冬天屋里又很冷，小茶经常与那个女孩挤在一个被窝里相拥着取暖，最后终于出现了问题。小锦的妈妈无意中发现了这件事,意识到问题的严重性,立即带着女儿求医。

性的成熟,性别渐渐在青少年的眼中慢慢地形成了,但是很多的青少年朋友还是不能清楚地认识自己的性别,认为自己是趋向于向异性的方向去发展。

但是,影响自己的性别模糊也是有一定的原因的。

1. 父母因素

一些父母往往根据自己对性别的喜好对青少年进行疏导,给你们造成错误的性别暗示。现在大多数家庭只有一个孩子,这也带来了一种遗憾。有了女儿还想要个儿子,有了儿子也想要个女儿。再生一个不可能,就只能把男孩当作女孩来养,给男孩梳个辫子穿个裙子,来满足自己的一种心理需要。起初是好玩,时间长了就会对青少年造成不良的影响,让你们对自己的性别形成模糊的概念。性别教育看似简单,但教育不当就会出现性别错位。

2. 残缺家庭及其辐射区

对于你们来说,母亲的温柔细心和父亲的果断自信都不可缺少。任何一方的缺席,都会破坏你们完整和谐的成长环境。而残缺的家庭一般指:父母离异,或者一方死亡、在押等,辐射区一般指父母一方由于某种特殊的原因没能经常照顾你,造成你们对性别无从比较,不知道男生该是什么样,女生该是什么样。然而,很多青少年对这种缺憾的影响浑然不觉,等发现你们的性别认同存在问题时,你已经偏离正常轨道很远了。

3. 不和睦家庭

由于家庭的不和睦致使父母忽略了对你们的教育,使你们对健康的性别角色缺乏正确的判断,从而无法正确完成性别认同,可能会把投射在父母身上的反感,转化为对某种性别的偏差态度。

4. 学校因素

受传统意识的影响，中国传统教育就是不怎么区分男女的性别，导致了你们对性别上产生了一些很大的差异。上学时期，女老师多过男老师，这让你们从意识上导致错误。要知道，学校也是你们活动的第二场所，更是决定你们健康成长的主要环境，"学校男教师少，就如同缺少父爱的"单亲家庭，容易使你们的心理、思维出现缺陷。所以，你们的性别意识的模糊与周围的环境影响是密切分不开的。

及时纠正不良的性别模糊，改善心理

在你们的性别模糊时，应该及时地纠正自己的不良心理。

1. 及时进行性别纠正

性别角色形成的关键年龄是 9 岁～13 岁。在这一重要时段，作为学生的你，这时就要重视对自己的性别角色合理地转变，当发现自己有"错位"倾向时，就要让其认识到自己的言行是不正常的，及时进行矫正，让自己从心理知道自己到底是男生还是女生。

2. 学会真知

爱自己还是处于不清楚自己到底是女孩还是男生的情况下，多去和父母进行沟通，引导自己去学会充分认识自己的性别。

3. 给自己灌输一些性别优势

生活中，自己要经常给自己灌输一些关于自己到底是男生还是女生的一种思想，让自己充分的喜欢上自己的性别。对自己不符合自己性别的行为要及时改正。这时，自己活动中的性别倾向会趋向明显，性别自然会被进一步巩固。

4. 坦然作答性问题

日常生活中面对青少年时期，自己大脑中所形成的性问题，要学会正确地分析，分析它到底是属于什么性质的，通过父母对自己性别的回答，让自己了解自己和异性之间的差异。改变自己的不良性别倾向。

5. 经常让自己学一些符合自己性别的活动或是接触与自己性别一样的同性。经常让自己去试着参加一些活动，树立性别在自己心中形成的差异，找到真正的自我。并学会与同性之间进行交往，有问题主动和同性去探讨，加强自己性别的意识。

成长的时期，伴随着年龄的增长，很多的性别特征也开始慢慢地明显起来，青少年，你们要做到明确自己的性别，不应该把自己的性别和异性的性别等同起来，要区分开男女性别的不同之处，这样也有利于青少年朋友们良好心理的发展。

第一节　克服错位人际

1. 克服交往中的猜疑心理

不同的时期，你们表现得则是不同的，因为身体上和心理上的发育，有些青少年朋友开始出现了喜欢猜疑的心理，导致你们对任何人和事物都是处于半信半疑的状态，这其实是不好的心理现象。青少年，你们要在这一时期，学会乐观地看待一切人和事物，多去和外面接触，这样才能使身心得到健康的发展。

多疑是指神经过敏、心中产生疑神疑鬼的消极心态。它是在主观意识上产生的一种不信任的心理。多疑的人喜欢把对事物的认识固定在一个框架中，然后把那些无关紧要的东西联结起来，并用客观原因来证实自己的推断。最后把自己推入迷惑的世界里，不能自拔。据心理学研究表明，多疑是属于偏执型的性格缺陷。多疑心理形成之后，一般是比较顽固、任性的，它是导致偏执性格障碍的主谋，所以，青少年你需要警惕，不要让自己染上这种心理疾病。

中学生时期，猜疑时心理很复杂

多疑心理可以是自我怀疑,也可以是怀疑周围的人,这种不良的心理严重影响了青少年们的正常生活和学习。具有多疑心态的你往往会固执己见,你们通过自身的"想象"把生活中无关紧要事情凑合在一起,把别人无意间的言行举止，误认为是对自己怀有敌意或迫害的心理，在没有足够的证据时就怀疑别人欺骗自己,甚至把别人的好心好意理解为阴谋诡计。于是,导致在人际交往中自筑鸿沟,最终反目成仇。

有三个小伙伴从小一直都相处的很好,但是自从他们进入了中学时,就开始慢慢地关系恶化了。比如:一个孩子小刚家离另外的两个孩子小明和小强的家比较近,于是小刚就想找谁去玩就去找谁去玩。但是,小明刚开始还不那么在乎小刚的行为,后来经常产生怀疑的心理,认为肯定是小刚又去找小强了,而不找自己,肯定他们在说自己的坏话了。他就心理特别不舒服。爸爸妈妈经常叫着吃饭了,他还闷闷不乐地坐着沙发上思考。

这个事例就是典型的多疑的特征。小明因为小刚不去找自己,而心理很不高兴,并且怀疑是小刚和小强故意不跟自己玩,固然心里面有一种很不服的感觉。其实,完全没有必要那样不高兴。这正是青春期心理发育的结果。往往大多数的青少年朋友们此时都是这样的,没有必要去太在意别人的做法。

著名的哲学家培根曾说过:"猜疑之心犹如蝙蝠,它总是在黑暗中起飞。这种心情是迷陷人的,又是乱人心智的。它能使人陷入迷惘,混淆敌友,从而破坏人的事业。"在日常生活中,你们常常会碰到一些疑心重重的人。比如,对他说一句问候的话,他也再三品味"言下之意";你无意中的一个玩笑,他就会认为你是笑里藏刀、不怀好意;看见两个人小声说话,他就猜想是在议论自己的缺点等,这些生活中的小细节常常令疑心较重的人左思右想。那种高度的警觉性和冲动的性格,令人不得不敬而远之。

单纯的多疑在成为一个人的行为习惯之前,则通常在误会别人的情况下发生的。比如有些青少年朋友自认为在某些方面不如别人,因此,你总认为别人会看不起自己,处处算计自己。如果别人在和其他人说话时对你投来了不经意的目光时,你就认为别人在说有关自己的坏话;或者有人给他开善意的玩笑,就怀疑别人对自己有成见等等。具有多疑心态的你常常"疑心生暗鬼",常用主观的想象来代替客观的事实,产生一种愤恨的报复心理。

有多疑心的青少年你一般是在孩提时受到过严厉虐待或遭受不幸,主要就是缺乏感情交流,逐渐形成对任何人都不信任。这种类型的青少年往往自恃清高、心胸狭窄、神经过敏,遇到任何事时总喜欢往坏处想,总觉得任何人都在和自己作对,从而产生攻击性的言行,导致在家不能与亲人和睦相处,在外不能与同伴打成一片,搞得人际关系硬硬的。

多疑和猜疑是不相同的。由于多疑而不相信别人,在猜疑中局限了交往范围,因此,就会失去青少年本应享受的欢乐,同时,损伤和别人之间的感情。多疑,像一条无形中的锁链,束缚着我们的手和脚,并促使青少年们远离朋友及亲人,从而走向生命的极端。

猜疑心理只是一般的怀疑,然而这种怀疑有可能纯粹是神经过敏所导致的,也可能是符合客观事实的。青少年要想让情绪的表达合乎常情理,即要保持喜怒有常也要保持喜怒有度,最好不要随心所欲。特别是在情绪不好时,更不要随意迁怒于他人或意气用事,否则,后果将会不堪设想。

青少年,你们的多疑心理有多方面的原因

一般正常的情况下,猜疑心理是人皆有之的,这不属于心理问题。然而,多疑则是猜疑的极端表现,绝大多数有多疑心理的青少年都是无端生疑,这样不仅在心理上产生更多的猜疑,而且纯粹是心理失衡的极端表现。所以,青少年这远离这种不良的心理误区,快乐、自信地面对身边的每一个人,为你们的友谊搭出平稳的桥梁。

你们产生多疑的原因:

1. 在过去的生活中经受过挫折。有些青少年朋友曾经可能受过别

人的欺骗或遭受过挫折，由于经不起沉重的打击，从而不相信任何人，对朋友也失去了应有的信任。

2．片面的认识。你由于性格内向，不善于交往，缺乏主观意识。由于自卑心理的原因常常认为别人对自己不满，怀疑别人背后议论自己等等。

3．与世隔绝。整天待在家里，很少和外人接触，对外面的世界感觉很陌生。因此导致害怕与别人交往，从而产生更多的不信任和戒备心理，这也是产生多疑心理的原因之一。

2．社交恐惧心理调适

恐惧是人类及心理活动的状态，也是一种情绪的不良反应。从心理学来看，恐惧是有机体企图摆脱、逃避某种情景而又无能为力的情绪体验。青少年时期在交往中最容易出现这种恐惧心理，这种现象男女生都可能出现。你们渴望得到友谊，在心理上希望能广交朋友。但是有些青少年朋友在实际交往时，就出现了不敢见生人、和别人交谈时面红耳赤等不良的恐惧反应，精神系统都处于紧张的状态，这就是青少年时期的社交恐惧。

青少年朋友们在社交时出现的恐惧心理主要以自闭、恐惧、焦虑为主的综合心理障碍。它的表现形式是不敢交友、害怕社交的一种自闭心理；有些青少年有社交的欲望但得不到满足，因此就会产生焦虑、孤独、害怕面对挫折的恐惧心理。由此你们开始逃避现实，总是觉得没人注意的地方才是最安全的。其实，社交恐惧的特点是强迫性的恐怖情绪，在心理想象出恐怖的情景来自己吓自己。

青少年恐惧与人交往

青少年时期，由于生理上的和心理上的发育，让自己不爱和陌生人交往，恐惧与别人交往，甚至是不能去见人。这都是常见的青春时期心理的表现，只要合理的解决内心的困扰，青少年的不良心理就会就此消失的。

你们的社交恐惧是在后天形成的条件反应，它是在学习的过程中而引起的。

1. 经受过挫折。俗话说："一朝被蛇咬，十年怕井绳"。一般你们出现社交恐怖的心理来源于往日的直接创伤经历。你们在交往过程中屡次遭受失败和挫折，就容易在心理上产生沉重的打击，在情绪上产生不愉快的心理表现。时间久了，自然而然就会形成一种紧张、焦急、不安、恐惧等不良的情绪状态。

2. 不良的性格所导致的。有社交恐惧的你与不良的性格也有密切关系。像那些有害羞、依赖、胆小心理的你就容易产生过度的焦虑和紧张，所以，这种类型的你在交往时就会被个性左右，多思多疑成了你们社交恐惧迅速滋生的土壤。

3. 受别人的影响所产生的恐惧。如有的青少年朋友看见或听别人说在交往中所遭受的挫折及困境，听后自己就会感到痛苦和害怕。于是就产生情绪紧张、焦虑、恐惧，由于情绪的繁衍化，导致了出现社交恐惧心理。

4. 内心矛盾所导致的恐惧。青少年时期由于性生理的日渐成熟及觉醒，你开始产生对异性充满好奇或好感，于是想接近异性。但由于父母管教太严，也不提倡异性交往。导致青少年内心压抑、没有倾诉对象。久而久之，就形成了不协调的心理冲突，不敢与异性对眼神，害怕与别人讲话，上课也不认真听讲，出现忧郁、烦闷的不良情绪表现。

小鸽从小性格就内向，自尊心也特别强，所以学习成绩一直也很好。可是，最近她总以为别人时刻都在用鄙视眼神的看她、评价她，所以她担心自己会出什么差错，否则，会让人看不起。后来，她暗恋上了班内的某个男生,但又不敢表露出自己的爱慕,还怕别人知道这个秘密。有一次,好朋友给她开玩笑说:"我知道你爱上他了,你别藏在心里啦!"她一听心里急得发慌,担心别人会对她评头论足。从此以后,她见人就躲开,不愿理会别人。有人找她聊天、玩耍,她就面红耳赤、心慌意乱,而且说也是语无伦次,最后导致一见人就担心害怕。

以上这个例子中的小鸽就是由于社交恐惧心理导致她不能正常与同学交往。最终陷入困境、不能自拔。这种社交恐惧是因心理紧张而造成的心因性疾病,只要有这种心理的你朋友们做到及时调理,就能战胜这种不良的心理障碍。

所以,像青少年的不良的心理,有时是因为和爸爸妈妈长期生活在一起,青春时期的发发展,让自己从内心觉得自己不如别人或是对别人不能接受。只要把自己的心态摆正就行了,对任何事情不要去拒绝,要想着去应对,那样就不会出现像小鸽那样的心理了。

青少年克服自己的不良的心理

1. 全面地了解自己,树立自信心。青少年你要正确地认识自己,不要拿自己的弱点和别人的优点作比较,过于自尊和盲目自卑都没有必要,只要你明确:"我并不比别人差,别人能做到自己照样能做到。"要经常用这种心态来增强自己的自信心,保持一个良好健康的心态,相信自己并敢于面对他人。

2. 改善自己的性格。一般害怕交往的你大多都是比较内向的,这种类型的你要注意锻炼自己的性格。多参加一些有益的公众活动,要积极主动地与同伴或陌生人交往,慢慢地你就会改掉羞怯、恐惧的不良心理,进而使自己成为一个开朗、乐观、豁达的人。

3. 学会与别人交流。青少年你要把握好时度,在合适的场合充分地展示自己的优点和长处,快乐时与朋友一起分享,不愉快或有困难时向朋友诉说。时间久了你就会体会到友谊的价值。

4. 掌握社交一些技巧。有社交恐惧心理的你,要与善于交往的人接触,你可以从别人身上学些有关社交的知识和技巧,来弥补自身的缺点和不足。

社交中往往遇到的事情很多,伴随着青春期的发展,很多的不良的心理也是很容易就产生在青少年的心中的。但是,这时,你一定要学会适当地调整下自己的心理,保持一个良好的与人沟通的心去接受别人,那么就不会再出现社交恐惧的心理了,对以后快乐健康的成长也是很有促进意义的。

3. 朋友间要多信任

有的青少年在交往中总抱着疑神疑鬼的消极心态。它是在主观意识上产生的一种不信任的心理。多疑的人喜欢把对事物的认识固定在一个框架中,然后把那些无关紧要的东西联结起来,并用客观原因来证实自己的推断。最后把自己推入迷惑的世界里,不能自拔。据心理学研究表明,多疑是属于偏执型的性格缺陷。多疑心理形成之后,一般是比较顽固、任性的,它是导致偏执性格障碍的主谋,所以,青少年要注意在交往时多一点信任,少一点怀疑。

多疑阻碍交往

多疑者总是自我怀疑,不过最多的是怀疑周围的人,这种不良的心理严重影响了青少年们的正常生活和学习。具有多疑心态的青少年往往会固执己见,他们通过自身的"想像"把生活中无关紧要事情凑合在一起,把别人无意间的言行举止,误认为是对自己怀有敌意或迫害的心理,在没有足够的证据时就怀疑别人欺骗自己,甚至把别人的好心好意理解为阴谋诡计。于是，导致在人际交往中自筑鸿沟，最终反目成仇。

著名的哲学家培根曾说过："猜疑之心犹如蝙蝠，它总是在黑暗中起飞。这种心情是乱人心智的。它能使人陷入迷惘，混淆敌友，从而破坏人的事业。"在日常生活中，我们常常会碰到一些疑心重重的人。比如，对他说一句问候的话，他也再三品味"言下之意"；你无意中的一个玩笑，他就会认为你是笑里藏刀、不怀好意；看见两个人小声说话，他就猜想是在议论自己的缺点等，这些生活中的小细节常常令疑心较重的人左思右想。那种高度的警觉性和冲动的性格，令人不得不敬而远之。

单纯的多疑在成为一个人的行为习惯之前，则通常在误会别人的情况下发生的。比如有些青少年自认为在某些方面不如别人，因此，他总认为别人会看不起自己，处处算计自己。如果别人在和其他人说话时对他投来了不经意的目光时，他就认为别人在说有关自己的坏话；或者有人给他开善意的玩笑，就怀疑别人对自己有成见等等。具有多疑心态的青少年常常"疑心生暗鬼"，常用主观的想象来代替客观的事实，产生一种愤恨的报复心理。

有多疑心的青少年一般是在孩提时受到过严厉虐待或遭受不幸，主要就是缺乏感情交流，逐渐形成对任何人都不信任。这种类型的青少年往往自恃清高、心胸狭窄、神经过敏，遇到任何事时总喜欢往坏处想，总觉得任何人都在和自己作对，从而产生攻击性的言行，导致在家不能与亲人和睦相处，在外不能与同伴打成一片，搞得人际关系硬硬的。

多疑和猜疑是不相同的。由于多疑而不相信别人，在猜疑中局限了交往范围，因此，就会失去青少年本应享受的欢乐，同时，损伤和别人之间的感情。多疑，像一条无形中的锁链，束缚着我们的手和脚，并促使青少年们远离朋友及亲人,从而走向生命的极端。

猜疑心理只是一般的怀疑,然而这种怀疑有可能纯粹是神经过敏所导致的,也可能是符合客观事实的。青少年要想让情绪的表达合乎常情理,即要保持喜怒有常也要保持喜怒有度,最好不要随心所欲。特别是在情绪不好时,更不要随意迁怒于他人或意气用事,否则,后果将会不堪设想。

一般正常的情况下,猜疑心理是人皆有之的,这不属于心理问题。然而,多疑则是猜疑的极端表现,绝大多数有多疑心理的青少年都是无端生疑,这样不仅在心理上产生更多的猜疑,而且纯粹是心理失衡的极端表现。所以,青少年这远离这种不良的心理误区,快乐、自信地面对身边的每一个人,为你们的友谊搭出平稳的桥梁。

消除多疑,做一个心胸开阔的人

在这个世界上,任何人都不愿意与一个多疑的人交往,因此,对于青少年来说,有一个良好人际关系的第一步是消除多疑心理,做一个心胸开阔的人。

1. 认识多疑的危害,加强自身修养。青少年要全面认识多疑的危害及不良后果,然后果断地克服多疑心理,用宽阔的胸怀,友善的态度与别人交往,你就会得到一生中最重要的东西——友谊。

2. 用信任赢得真正的友谊。青少年要用信任的态度赶走多疑的心理,慢慢地就会走出心胸狭隘的心理。然后用真诚的心与同学交往,抛掉偏见和不信任的态度,最终你会赢得真正的友谊。

3. 青少年要树立自信心。首先青少年要相信自己的能力,相信别人能做到的你也能做到。这样,你就会全心全意地投入到学习和生活中,多疑的心理自然而然就消失了。

4. 正确看待自己的缺点和不足。多疑的青少年常常是因为自己的缺点和不足，青少年不要过于把注意力停留在自己的不足之处，你要知道这个世界上没有十全十美的人，你要做的就是扬长避短、优缺共进。

总之，青少年消除多疑心理就需要理智地思考问题、积极的自我暗示。不管在任何时候，都要用自信友善的态度与人交往，这样不仅有利于获得别人的尊敬，还会赢得别人的友谊，从而培养成开朗、豁达的性格。

4. 不要对交际过于敏感

青少年对人际关系的过分敏感也会造成对人际关系的过度焦虑，非常不利于身心的健康发展。

小案例1

上小学时，小茂曾因为一件小事和保姆闹别扭，之后几天，保姆对小茂不再理睬。这件事对她影响很大，从此以后她和同学、朋友闹矛盾从来都不主动认错。平时爱干净，洗过的衣服晾起来不允许别人碰，特别是干了以后，如果别人碰了就必须重洗一遍。后来在上高中时因不满一女同学的言语和行为，就不允许那女生和她有任何接触，如果那女生碰到她，她就要洗手、洗衣服，头发碰到了就要洗头发。后来发展到不敢碰教室的东西，如果其他同学和这个女孩接触，她也不碰这些同学。甚至，她自己晚上睡觉脱衣服时都要小心翼翼地只碰拉链，脱下来后把内侧卷到外面放到床上，若被别人碰到的东西总是要反复洗，现小茂的情况已经发展到不敢进教室了

发生在小茂身上的事就说明了，小茂已经得了一种人际关系敏感症。是一种由于人际关系敏感而导致的强迫症和重度抑郁症。"人际

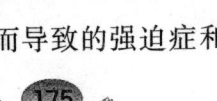

关系敏感"症,主要的表现是不能正确处理个人与社会的相互关系,在人群中会感到不自在,与人相处时有着较强的戒备、怀疑和嫉妒心理,在人际关系上存在着种种困惑,与同学和老师关系紧张。

小案例2

两年前,小玉就开始变得特别爱发脾气,遇事很急躁,常常因为一点不顺心的小事就发脾气。在学校里,自从成绩下降后,小玉的情绪一天比一天差,整天躲在教室的角落里,不愿往教室中间坐,认为那里的位置都是好学生坐的,而自己不是,上课的时候,她不敢看老师,不敢看黑板,课间也从不主动和同学交流。到了高三,有同学咳嗽,她就以为别人是在鄙视她,别人小声说话时她总认为是在说自己坏话,不愿意看人,和人交谈时觉得很害怕,甚至浑身发抖,经常不由自主地独自一人到教学楼的楼顶转悠。这种情况让小玉十分痛苦,曾一度陷入深深的焦虑中无法自拔。而17岁的小玉在别人的眼中是一个幸福的小公主,父母都有很好的工作,从小到大,对小玉都非常溺爱,上学也是车接车送,学习成绩也很好。可现在的小玉,已经完全地变成了一个消极的人。

青少年这一时期,不管是在生理上还是在心理上都处于人都处于既关键又特殊的时期。生理发育是心理发展的基础。青少年在心理上处于青春发育时期,这一时期最大特点是生理的蓬勃成长、急剧变化,特别是处于外形改变、机能增强和性成熟的"三大巨变"中。他们的情绪情感比较强烈,常有明显的两极性,很容易"动感情",如果在他们'社会化'过程中,出现人际关系敏感,那么会导致各种各样的心理和生理问题。"

如何摆脱交际敏感

可以从以下几点做起:

1. 强化自己。在生活中常常有那种以别人的评价为转移的人。这种人长期跟着别人转,久而久之就会养成过分敏感的性格。因此,要避免这种"过敏心理",因为它会给你现在和今后的社会活动带来数不清的麻烦。如果别人以异样的眼光盯着你时,你不必局促不安,也不必神情窘迫,唯一的办法是——用你的眼波接住对方的眼波,久而久之,你就会发现自己就是自己,可以自如地生活在千万双眼睛织成的人生网格里。

2. 不过于计较小事。每天生活中人际交往中的矛盾、冲撞甚至冲突,都是无法避免的。有些小事发生了,也就把它当作雨过云消了。

3. 正确认识自己。认识到自己是无可替的,别人不会事事赛过自己,自己也不可能事事出人头地。凡事要学着往大处着想,敢于公开自己的优缺点。

4. 充实业余生活。多参加一些集体活动,读些自己感兴趣的书籍。当有"敏感心理"干扰时,用松弛身心的办法来对付。可进行自我暗示,转移注意力,如转移话题、有意避开现场等。另外,坚持体育锻炼,有助于防止"心理过敏"的现象发生。

5. 如何处理异性交往

完善的人际交往是一个人在社会发展的起点。对于青少年来说,异性之间的交往最为重要。目前,有不少青少年困惑与异性交往到底是好事还是坏事。据心理学家研究表明:男女生的交往不仅是正常的,而且是日常生活中必需的,这有助于青少年身心健康成长。

随着青少年的心理及生理逐步走向成熟,其独立自主的意识日益增强,但由于生理和心理发展还不够成熟,因此容易在交往中产生各

种矛盾、困惑或茫然。众说纷纭，从青少年发展的眼光来看，他们与异性交往是很正常的事情。然而，这种行为在某些人看来影响不太好，有些家长和老师发现青少年与异性交往，或者是与异性的关系稍微密切，就认为大事不妙，甚至用粗暴的手段来惩罚孩子，可结果往往造成不良后果。

青少年无论在家里、学校或是社会同样都存在着各种各样的人际交往。这种广泛的交往范围，他们既有同性知己，又有异性朋友，然而，这种类型的人比那些少交朋友或只有同性朋友的人在个性发展方面更完善，思维情感更丰富，自制力更强等，他们都具有较高的心理健康水平，容易养成积极乐观、慷慨大方的性格。这些人际关系的交往不仅影响着青少年心理及个性的形成与发展，而且直接影响着青少年今后成长的道路。

其实青少年与异性正常交往，能促进他们良好的健康成长。同时他们在与异性的交往中，会发现某些行为受到他人的赞美和喜欢，就把它作为一种鼓励，对这些行为起到了强化作用，从而提高自身的言谈举止的修养。相反，若是某些行为不能被异性所接受，这样他们就会有效地控制这些不良行为的再度出现。在与异性的交往中，青少年还会从中积累一些生活经验，总结一些社交技巧，不但学会了在日常生活所必需的知识、技能和态度；意识到自我存在的价值，学会把握与人平等相处，为以后立足于社会奠定了良好的基础。这些都是青少年在异性交往中不可替代的良好作用。

据心理学家调查，在那些成功人士的成长经历中发现，青春时期广泛交友，不但能促进性格开朗、活泼，而且还具有积极进取、乐观向上的心态，还具有很强的自制力，情绪也相当稳定。因此，青少年时期异性交往不仅可以使男生与女生之间性格互补，还有助于他们健康的成长。

青少年在与异性交往时应注意避免以下误区：

1. 有些青少年在与异性交往时，总是喜欢把自己的缺点和内心的需求掩盖起来，这一点在别人看来，你们之间好像有一道屏障在隔着，导致你们之间无法正常的交往和沟通。

2. 在现实生活中，有些青少年缺乏正确的自我认识，总是太低的评价自己，觉得自己各方面都不如别人，从而产生自卑、孤僻的性格，最终，因为心理在作怪，不敢与异性正常交往。

3. 有的青少年在与别人交往时没有宽敞的胸怀，和别人交往时只关心自己的需求和利益，把别人当作达到自己目的或满足私欲的工具。在交往中目中无人，从不尊重别人的价值和人格，并轻视别人。

异性交往原则

青少年时期既是走向成熟的重要阶段，又是学习文化知识、增长才能的黄金时期。此时，如何正确地处理与异性交往的关系呢？

1. 留下良好的印象。丰富多彩的人际关系是每一个人的正常需求。所以，青少年在与异性交往时一定要积极主动，不要用消极的退缩方式。因此，如果要想赢得良好的友谊，就必须主动交往。

2. 把握交往的分寸。在交往时要尽量避免男女同学单独接触，在谈话时要做到适度分寸、落落大方、诚恳。

3. 要端正自己态度。培养正确的交往意识，尽量淡化对方性别的差异，要保持纯洁的思想。

4. 要有礼貌。青少年在异性交往时要注意团结友爱、彬彬有礼、和蔼可亲、互相关心、互相爱护、还要注意最好不要开过头的玩笑。总之，举止要端庄稳重，言谈文雅高洁。否则会引起大家的不愉快。

5. 提倡集体交往。青少年应多开展集体活动，这样，不仅父母放心，老师也支持。这种交往方式是多种多样的，如兴趣小组、篮球小组、学习小组等。你们可以在活动中共同学习、共同进步。

　　总之，青少年在与异性交往时必须要认清自我，无论与任何人交往都要做到落落大方、不亢不卑，要以一颗纯真的心与别人交往。这样你就会获得更多的尊敬和友谊。

第二节　构建良好人际

1. 与人交往要守信

守信，在社会交往中有着十分重要的作用。信就是一个人能遵守承诺、讲信用。如果一个人说话实在，并说到做到，这就会使他人产生信任感，愿意同他交往或合作。相反，如果一个人言而无信，接二连三地自食其言，将会引起人们的猜疑和不满，让人们对其不会产生好的印象。特别在青少年时期，塑造良好的品德是很重要的，学会守信更是培养青少年时期良好品德的重要阶段。

守信是做人的基本底线。你们是祖国的未来，你们的诚信意识决定着未来社会的诚信度。因此，青少年要懂得不管是做人还是做事，都不要离开诚实守信的基本原则。建造你们诚信的基础需要家庭及学校的共同努力，为全社会构建守信的大厦。信用就是真心诚意、实事求是、不虚假、不欺骗；守信就是要做到遵守承诺、讲信用，注重自身的名誉及信誉。只有营造守信的环境，才能培养出诚实守信的年轻学子。

守信是中华民族的传统美德。青少年要引以自豪，以此为基础，从最基本的道德品质做起，时时尊敬他人。清朝政治家曾国藩说："不成才可以，不成人不可以。"人的一生中，诚信是道德规范的重要内容，是做人之本、办事之根。只有做到守信，才能弘扬中华民族的诚信美德，才能使祖国更文明、更和谐。

守信第一

守信是一个人不可缺少的高尚的品德。胡锦涛主席曾经在 *2008* 年在《八荣八耻》中明确的在其中把守信作为了一个人最基本的人生原则。个人若能守信，即使萍水相逢的陌生人也会肃然起敬，守信是人际交往中必不可少的道德准则。著名的经济学家阿罗所说："信誉是社会中人际交往的润滑剂，它非常有效并会省去很多麻烦，使人们可以对他人的话给予一定的信赖。"青少年与别人交往时要为人和善、真诚相待、团结友爱、助人为乐。

守信是一种高素质的道德准则，青少年要学会拥有诚实的态度是很有必要的。古人云："人之初,性本善"说明守信是每个人都可以做到的。

18世纪，美国一位有钱的老板，深夜在回家的路上，被一个衣衫褴褛的小男孩儿拦住了。

小男孩儿说："先生，请您买一个打火机吧。"

老板回答说："我不买"，说着他继续向前走。

小男孩追上来又说："先生，请您买一个吧，我一整天都没有吃东西了"。

他看着甩不掉的小男孩儿说："我没有零钱，怎么买啊！"

小男孩回答说："先生，你先拿着打火机，我去给你换零钱"。

说完男孩儿拿着他给的一美元快步跑走了。这位老板等了很久，小男孩儿始终没有回来，他无可奈何地回家了。

第二天上午，这位老板正在办公室工作，他的秘书说来了一个小男孩儿要求面见老板。

这位老板说：让他进来吧！这个男孩儿比卖打火机的男孩儿低了一点，穿的比卖打火机的小男孩更破烂。

小男孩进来第一句话就说："先生，对不起了，我的哥哥让我给您送零钱来了"

老板问："那你的哥哥呢？"。

小男孩说:"哥哥在换完零钱回来找你时,被路上的马车撞成重伤了,他现在在家躺着呢。"

这位老板被小男孩儿讲信用的行为深深感动了。

"走!我们去看你的哥哥!"。于是他就去了小男孩的家里,他看着受重伤的男孩儿在床上躺,一见老板来了,受伤的小男孩连忙说:"对不起,先生,我没有按时给你零钱,失信了!"这位有钱的老板被男孩的诚信深深打动了。当他了解到小男孩儿的父母亲都不在世了。最后,他决定把小男孩的日常生活费用全部承担起来。

这其实只是一个简单的例子,我们的生活中经常会遇到这样那样的事情,许多时候是为了个人的一点私利,不顾一切,甚至可以不讲信用。但是,这不仅违背了道德上的良心,还将毁灭一代人的心灵。

特别是青少年,在什么事情都处于不稳定的时候,要学会像例子中的那个受伤的男孩一样,对人讲信用,这对自己的以后也是一种很好的道德培养,能促使自己成为一个品德才能集聚为一体的伟大人士。

学会做人讲守信原则

不少名人都曾经在小的时候很讲信用的。比如华盛顿,他就很讲信用,自己当上了伟大的美国的总统后,尽管可以抬高自己的身价,把自己想得很成功,但是他还是很讲信用的和平常人一样准时赴约。并且,在别人还没到达的时候,自己先到等候多时却不说什么。

这就是为什么成就了一个伟大的总统的原因。因为你们从自身做起,就要十分讲信用。

青少年,你也要学习那种做人要讲守信的原则。从小树立自己要诚实做人,不能欺骗别人,待人处事一定要遵循一定的原则,要保持一个和谐的心理去面对自己的人生,不能想着自己那样对别人了,别人会不会同样的对待自己,那样就大错特错了。

在自己做错了事情之后，要学会敢于承认错误。纠正自己的不良的情绪，不要把个人的原因附加到别人的头上去。

对自己答应别人的事情，青少年你要保证一定遵循其原则，不可以胡搅蛮缠，以至于严重影响到别人的正常的工作或学习。

让你们心理上知道什么是做人该遵循的原则。这样，对你们以后形成美好的人生也是很有帮助的，并且还可以帮助青少年朋友们身心得到更好的发展。

青少年，你要学会在与人交往的过程中要守信用，不能说话不算数，最后会导致别人的不信任，或是人格上有问题。

因此，这一时期，要培养自己良好的心理，学会合理地处理事情，对别人承诺，要懂得去遵守。自己做过的事情，要敢于去承担。如果自己做错了的话，也要学会敢于去面对错误。

2. 要赋有同情之心

当别人处在困难的时候，你是否能伸出自己的友谊之手，学着去帮助别人？当别人正在水深火热的时候，你是否能深表同情。青少年，经常在与人交往的过程中，会冷眼看待一些事情，作为青少年，是否已经意识到自己的冷漠了？

你可能因为年纪还小，有很多的事情不懂得去珍惜，有些事情不知道如何把握，同样在生活中，对于一些很感人的事情，有时是无动于衷，认为事情的严重度往往与自己毫无任何关系，对此则采取漠不关心的态度。

人生中不应该缺乏同情心

同情心是人们对一件事情通过自己的观察之后发自内心的表露。这是人与人内心都应该具有的不同程度的同情心。这种同情心也是一种能够良好与他人感情产生共鸣的本能反应。并不一定悲伤。

现在,同情心有些时候在被社会上的个别不良风气所影响,随着人们精神生活的平淡,影响到青少年的心理,让很多的青少年朋友们失去了同情心。

小花已经15岁了,有一次,妈妈为了孩子的学习没有太多的压力,就陪孩子一起观看电视节目。电视上放的正好是一个关于动物世界的纪录片。小花看了一会,突然问妈妈:"妈妈,电视上的大熊能把小鸡给咬死吗?它真么强壮啊!"这让小花的妈妈大吃一惊。

这个事例,让我们知道了现在的青少年朋友脑子里一点同情心都没,小鸡那么幼小的一个生命,居然被她想成能被大熊吃掉,可见,青少年的心理现在正在受着一定程度的影响。

同情是美好的心的表现

在人际交往的过程中,青少年你要能体会他人的长处时刻关心他人的情绪和想法,多站在他人的角度上去思考,学会去用真心感受,学会正确处理自己的和别人的交往能力。

许多著名心理学家在进行青少年的人际交往上做出了明确的规律分析,特别强调,同情心是人与人交往的善良本性的体现,是能够更好地让青少年在与他人交往中处于一种以诚待人的良好心态的关键。

同情心是人际交往的重要基础,也是个人性格发展与日后能否成功的基础。同情心在青少年人际关系的沟通上突出的重要性主要体现在:人一旦具备了同情心,就更容易获得平等的信任,比如同学间相互信任。而所有人际关系都是建立在信任的基础上的。

做一个有同理心的人,应该做好以下六点:

1、自己怎样对待别人,别人就可能会怎样对待自己,自己要设身处地地为别人着想,多从他人的角度去考虑。

若想被人尊重，就要先去尊重别人；希望被人关心，就要先去关心别人；想要别人善待你，就要先善待别人，这是一个可以适用于任何时间、任何地点的定律。

2、真情流露的人，才能得到真情回报，要抛弃面具，真诚对待每一个人。

真情流露应该是自发的、自然的、真诚的、不设防的，让善良的感情毫无保留地经由言语、表情、体态呈现在他人面前。如果你能够以真情打动他人，同学们就会把你当做朋友，因为自己的真情也会"反射性"地激起他人对自己的真情。

3、想要真正得到他人的理解，就要首先自己学会真正地理解他人，只有付出自己的真心去对待别人，别人才会回报以真情。

任何人都希望被别人所理解。缺乏同情心的人只会产生霸道的心理、很武断地将自己的意见强加给别人。反之，一个有同情心的人则会先把自己的意见或建议放到一旁，认真倾听别人的想法。当别人表达意见时，要理解他所处的立场和想要表达的感情，还要设法使对方明白自己已经完全了解他的想法。这么做除了能表达出对对方的尊重和真诚外，更重要的是可以赢得对方充分的信任，就像一个善解人意的心理医生依靠细心倾听病人的陈述可以完全让病人信任他，并把他当做亲人一样。

4、要学会以别人的角度来看问题，这样可以有效地提高自己与他人沟通的基础。

在现代社会里，每个人都会在他人的心目中留有一定的印象，这些印象的总和代表了社会对个人行为和能力的判断，也许别人的判断是美好的，遇事要多从他人角度考虑，只有这样才能与他人友善相处。也许是丑陋的。

5、真诚坦白的人，才是值得信任的人，要以真诚的心对待别人。

如果我们把隐藏在内心深处的美好情感坦露给对方，就能很容易地走进对方的心灵深处。当自己信任对方，敞开心扉的时候，对方反过来也会信任自己，对自己也会敞开心扉。

一个真诚的人不介意展现自己的优势，也不介意展现自己的弱点。在他人面前不遮掩自己的弱点，这一方面代表对自己有足够的自信，另一方面也可以让别人知道，这个人不会不自量力地去做自己能力之外的事情。展示自己的弱点既表现了对他人的信任，也表现了自己人性化的一面。这会有助于赢得信任。

6、只能修正自己，不能修正别人，想成功地与人相处，想让别人尊重自己的想法，唯一的方法就是先改变自己，让自己更有善意的心。

如果别人误解了你，而你想改变这种看法，最好的做法不是去修正别人，而是改变自己，因为就算你能说服一个人承认他误解了你，其他人还是会误解自己。只要修正自己并努力理解别人，别人对你们的看法自然会改变。此外，当希望影响或改变他人的时候，如果他人无法接受，那么，最好的方法就是首先改变自己做事的方式、方法，而不是强迫他人改变。

在交往过程中，青少年要让自己拥有一颗同情心，那样就会使自己在对方的心里更有很美好的印象。那样就会使自己变得越来越有人情味，越来越能赢得别人的信任，在沟通上也会有更多的友情建立的。

3. 处处为他人着想

青少年在交往时，要更多为他人着想。多为他人着想也是一种换位思考。换位思考是人与人之间的心理体验过程。将心比心，设身处地的为他人着想，是达成理解不可缺少的前提。从客观条件上来说，它要求我们将自己的内心世界，如情感体验，思维方式等与对方的思想联系起来，就是站在对方的立场上体验和思考问题，因此，与对方在情感上得到沟通，为彼此间的友谊奠定基础。

换位思考有何好处

一位智者说过："把自己当作别人，把别人当作自己；把别人当作别人，把自己当作自己。"这句话告诉人们要学会换位思考。孔子说："己所不欲，勿施于人"。如果你没有换位思考，等待你的极有可能是失败、痛苦、沮丧或者泪水，甚至于无底的深渊；如果你换位思考，迎接你的极有可能是胜利、轻松、希望、微笑、支持，或是至尊的荣耀。不夸大的说，天地之差，生死之别，尊卑之成因，好坏之缘由，可能仅仅是取决于换位与否。

青少年在人际交流上具有这样一种心理特征：他们一方面渴望得到别人的理解，但同时又很少主动地去理解别人，在对待老师时，这一心理特征表现得尤为突出。在人际交往中要学会换位思考，不能只是站在自己的角度去看待或衡量别人，积极地换位思考，这样就会减少矛盾和摩擦，从而形成良好的人际关系。

换位思考的实质就是想人所想、理解至上。人与人之间必不可缺的就是谅解，谅解是理解的深一层包容，也是一种宽容。我们都有被"冒犯"或"误解"的时候，如果为此而耿耿于怀，那么，心中就会有解不开的"疙瘩"；但如果你能站在对方的立场去感受对方的感受，或许很容易就能达成谅解。在生活中，一般只要不涉及原则性问题，都是可以谅解的。

小案例

在人际交往中，有时会有很多误解或是交往中碰到的矛盾，很多时候都是因为在考虑问题时，只考虑了自己，而忘了从对方的立场来看问题。下面是在日常生活学习中的一些典型情境：上完晚自习回到宿舍里，张同学给家里打电话，时间打得比较长，其他三位同学也想给家里打电话，看到张同学那幅慢条斯理的样子，他们有点不高兴。而张同学在电话里谈得很起劲，好像忘了周围有人等着打电话，过了好长一段时间，张同学终于打完电话了。这时王同学开始给家里打电话，他说着说着就忘了后面的两位同学，他还没说完呢，宿舍的灯就熄灭了，后面的两位同学纷纷指责王同学，而王又指责张同学，张同学不服气，四个人吵了起来。

在这个事件中，很显然，张、王两位同学都是在自己的立场考虑问题的，他们心里只考虑到自己的需要，而没有为别人考虑。以王同学为例，张同学在打电话时他很着急，他抱怨张同学不考虑别人，而当他开始打电话时，他又只顾自己，不为后面的同学考虑，如果稍微为别人着想的话，就不会出现这样的矛盾了。

青少年在成长的过程中要学会换位思考。因为，人与人之间需要互相理解和信任，为此，要学会换位思考，这是人与人之间交往的基础——互相宽容、理解，多去站在别人的角度上思考。若常常表现出"以小人之心度君子之腹"，爱用怀疑的眼光看对方，这样往往会误解别人。

很多人在处理问题和与人交往的时候，总是立足于自我的立场，考虑更多的是利益和需要，却总是很少关心他人的需要，更别说是从别人的立场来看问题了。这样这就造成了人际沟通中的理解发生障碍和阻塞。我们平常总说别人不理解自己，自己也不理解别人，主要就是由于我们没有站在对方的角度来看问题造成的。要做到换位思考，在考虑问题之前，我们先问自己下面几个问题：

1. 如果我是他，我需要的是……

2. 如果我是他，我不希望……

3. 如果我是对方，我的做法是……

4. 我是在以对方期望的方式对他吗？

换位思考，多数时候对我们都有很大的益处。当你跟别人有了摩擦的时候，如果不去换位思考，可能你就只会一味地去想你是多么的委屈，你会陷入一个死胡同里跳不出来，一直想着别人凭什么这样对你。但是如果你换位思考了，也许你会发现对方跟你有一样的疑问，然后，你就会找到症结所在。

如何在交往中换位思考

1. 在交往中学会换位思考。青少年的出生背景各不相同，想法、意见、理解也不同……也许某一天，你的朋友会让你生气，请先站在对方的角位思考一下，到底是为什么？有时候，往往会因为自己所处的环境而导致改变自己的内心想法，这就是影响人际关系的障碍。每一个人的思考都是有所不同的，在处理人际关系时都应换位思考，站在对方角度思考问题，只有这样才能提升人际交往能力。

2. 在理解中学会换位思考。换位思考是理解别人的想法、感受，从对方的立场来看事情。但是不幸的是，许多人的换位思考却缺少了这一个要素。他们或是站在自己的位置上去"猜想"别人的想法及感受，或是站在"一般人"的立场上去想别人"应该"有什么想法和感受。这种换位思考并不是真的换位思考，而是以本位主义来了解别人的想法及感受，这并非真正地为别人着想，因为它忽略了"对方"真正的想法及感受。这种做法缺乏了尊重，尊重别人的责任，尊重别人的能力，尊重别人的自主权。在与别人交往的过程中，别忘了换个位置思考，多一分理解与宽容。

小案例

有一天，小华与同桌因为一本课外书吵了起来，小华在生气之极从教室跑了出去。跑出教室后，小华就意识到自己犯了一个严重的错误。虽然自己很生气，但也不应该就此跑出来，除了教室，还有什么地方能让自己舒舒服服地坐着呢？于是小华在操场上漫无目的地走着，回想起，刚才一瞬间爆发起来的战争，小华发现自己原来并没有非常生气。自己和同桌的关系平时还算友好，刚刚两个人都太激动了。想着想着，小华决定回到教室向同桌道歉。自己不应该因生气就跑走，留下同桌一个人在那里承受其他同学"好奇"的目光。

后来，小华和同桌和好如初了，因为小华的道歉也同时给同桌了一个台阶，两人从此的关系更加友好了。在学生时期，与同学闹点小矛盾是一件再正常不过的事情了。如果因此而记仇的话，就等于自己给自己设了一道跨不过去的墙。学生时期，每个人都是那么的单纯，只要单纯地与其相处，就会获得友谊，获得快乐的好心情。

学会换位思考是很重要的。一个人如果具备了这点，便能使自己快乐，也同时使别人快乐。对于能换位思考的人来说，每天都是美的，每个人都是友好的，透过心灵之窗望到的是茫茫草原上白云朵朵，万绿丛中红花点点镶嵌之美景；而对于不懂得换位思考的人来说，每天都是最痛苦的煎熬，每个人都会对别人冷眼旁观。所以，学会换位思考成就自己，也快乐别人。

4. 懂得真诚赞美他人

赞美他人是情感互动交流的基础，是爱心的付出。学会赞美，就学会怎么去为人处世。简单地说，人与人间的相处，爱是基础，尊重是表现形式。赞美就是对人的最高的评价，也是对人的至高无上的尊重。如果人与人之间没有广博而真诚的爱作为基础，就不会懂得赞美他人；然而，如果没有对他人的尊敬，那么，人世间的友爱也就无从谈起。所以，作为新一代的青少年要懂得赞美他人，学会奉献真诚的爱心，只有这样才会得到他人的尊重。

青少年学会赞美他人不仅是一种态度，也是一种自身的能力和美德，它的基础就是为他人着想、维护别人的自尊。如果你想要别人尊重你，首先就得尊重别人。一个不知道尊重别人的人，是不会得到别人的尊重的。所以，青少年在交往中，一定要用和蔼的态度对待对方，这样你才能得到别人的尊重。

人都是感情动物，只有你对他好了，他才会对你好。自己的态度决定了别人对你的态度，就好比一个人站在镜子前，当你笑时，镜子里的人也会笑；当你愁眉不展时，镜子里的人也是如此；如果你对着镜子大喊大叫，那么镜子里的人也会怒气冲冲地对你大喊大叫。换句话说，你不尊重别人，别人也不会尊重你。所以，要想获得他人的赞美和好感，就必须先赞美他人。

赞美是一种对人生的最高的尊重

生活在社会这个大家庭中,每个人都希望得到别人的充分肯定,每个人都希望自己的成绩得到别人的认同,每个人的人格都希望得到别人的赞美。然而,只求索取不求付出是不现实的,也是不会被人接受的。那么,青少年你应该怎样才能得到别人的尊重呢？古语道："己所不欲,勿施于人"。试想一下,你没有尊重别人,那么别人怎么会赞美你呢。同样,你如果将怠慢和不敬施于人,他人又怎么能快乐得起来呢？因此,要想得于他人的他人,就必须平等地对待身边的每一个人。

随着时代的进步和发展，人们将赞美他人看作生活中的重要部分，每个人都有自尊心，无论是三岁小孩还是年过花甲的老人，都渴望得到别人的赞美。每个人交友和受赞美的欲望都非常强烈。生活中如果老师还没有叫下课，就有同学大声叫着说："下课了"，此时，老师听了会有什么感觉，他认真教学而得不到同学们应有的尊重，心里会非常难过的。每个青少年都渴望自立，都希望成为家庭和社会中真正的一员。当你回到家时与父母或长辈打声招呼，这是对他们最起码的尊重；上课时专心听讲，课下按时完成作业，这是对老师辛勤劳动的尊重。如果你能以平等的态度与他人沟通交流，在对方受到尊重的同时他们对你也会产生好感。相反，如果你表现得居高临下、盛气凌人，那么，在别人心理上会感觉到自尊心受到了伤害，就会拒绝与你交往。

青少年在与别人沟通时，千万不要伤害对方的自尊心，否则，受损失的一定是你自己。俗话说：得人一尺，敬人一丈。意思就是说只有学会尊重别人，别人才会加倍的尊重你。如果你想处处得到别人的尊重，那么，你就先从学会尊重别人开始。因此，青少年在生活中，要时刻学会尊重他人，关爱他人，让生活更加美丽。

有一个小男孩叫小朋，他年幼时天真可爱、聪颖早慧，长得像杨柳青年画上那个骑着鲤鱼的胖孩子。可是不幸的是在他3岁那年，因一场车祸使他的左腿残废了。

每当小朋一瘸一拐进入校园时，他的自卑心理一直折磨着他。童年里伴随他的只有孤独和忧伤。小朋眼里常常流着泪。

15岁那年，小朋因为治疗而失学在家，这时，孤独和寂寞无情地将他包围。此时，渴望得到友谊的他，简直孤独得要发疯了。

正在这个时候，邻居小凯给他带来了"友情和温暖"。鼓励他要坚强的活下去。

从此，他在友谊的呵护中长大，并且做的事业越来越大，最后成了一个自食其力的人。

在这个例子中，我们可以看出，其实爱是需要相互尊重的，人在某些时候需要加以适当地赞美的，因为其实每一个人无论他的境遇有多困苦，他都是值得别人去尊重并且去赞美的。而不是去恶意的鄙视别人，嘲笑别人的不是。

青少年学会适当的赞美别人

青少年学会赞美是一种可贵的传统品德。因此，青少年在与人交往的过程中，一定要学会适当地赞美他人。

1. 学会赞美他人的个性。青少年对于别人的习惯及观点，要具有容纳的意识。在不同的人面前赞美也是有差别的，要学会容纳别人的个性和缺点，谅解对方的一时过错。

2. 要有的良好心态。青少年在学校的大集体中，有许多需要学习的楷模。只有拥有"虚心使人进步"的谦虚态度，把握住"三人行，必有我师焉"的处世哲学，才能学会赞美他人，同时也会赢得别人的赞美。要时常保持一个良好的心态，不管别人对自己怎样，都要积极去对待，而让自己的爱心去打动别人，不要因为别人不理自己了，而觉得自己就是无能的。

3. 要学会用文明语言。人类最大的交流工具就是用语言传递情感。因此，你要学会使用文明用语去称赞。一句简单的"对不起"是对自己的过错表示真诚道歉，这不仅体现着你对别人的尊重还突出了你的真诚友善。一句"没关系"表示你对别人过失的原谅和宽容，同时也表现出了你宽阔的胸怀。

4. 不要在不适合的时候去赞美别人那样对自己的以后与人相处也是极为不好的。如果你的同学在学习或休息时，尽量不要打扰，这些都是尊重别人的具体表现。

在生活中，你在赞美的同时，要学会在一定的时间去进行称赞，而不要在别人正工作或是其他不方便的时候去赞美别人，那样会让别人认为自己是刻意挖苦自己的。对自己和对别人都是不好的。所以,懂得在尊重前,学会适当地,保持良好的心态去进行赞美,才能达到意想不到的效果的。

5. 学会关心身边的人

"小心眼"是任何人都不喜欢的。你们在青春时期，不免有时会产生一点小小的情绪，而导致自己的心眼狭小，想不开有些事情，对事情的掌握程度还没有成人理智。因此，往往也会因为小心眼而处理不好自己的人际关系。

因此，你要学会经常抱着一颗感恩的心去关心身边的人，这样就有利于改善自己的人际关系了，并且还有利于身心的健康的成长。

"小心眼"的人，做什么事情都自私自利，斤斤计较；先考虑的是自己的利益，然后才考虑集体和他人的利益；只有占人便宜，而绝对不会让人便宜；只想别人围着他转，而不肯帮助一下别人；只听得进恭维的话，批评的话一句也听不进。

从心理角度来说，"小心眼"会破坏人的心理平衡，妨碍人际间的正常交往，甚至会影响一个人的身心健康。有"小心眼"的人往往心过于狭隘，把个人利益看得过重，一旦个人权益受到侵犯，便郁郁不乐，甚至进行打击报复。而且，有"小心眼"的人又极易受外界的暗示，经常疑神疑鬼，内心经常处于矛盾之中，这样，久而久之，就会引发心理障碍了。

不良心理导致青少年的小心眼

具有"小心眼"的人意志也很薄弱，办事刻板。谨小慎微，有时发展到怯场、自我封闭的程度。由于"小心眼"的人所做的种种行为，不得不让朋友"敬而远之"，可以说"小心眼"的人是很孤独的。

小慧出生在一个贫困家庭，从小父母就教她勤俭节约，但父母并没有告诉小慧"勤俭节约"的真正含义。于是，在学校里小慧成了"小气"一员中的一人。平常，小慧问其他学生借文具时，其他同学

都会借给他，而当别人向小慧借文具时，即使是一块橡皮，只用一次，小慧有时都磨磨蹭蹭地才借给同学。小慧自从上了初中以后，住的是宿舍。在宿舍里，同学关系都特别好，经常买一些小零食之类的食品，每次都叫上其他同学一起吃，当然其中也包括小慧，而小慧家里穷，但又特别喜欢吃零食，有时买了零食总是偷偷地藏起来，等宿舍没人了再吃。有一次，她的这种行为被同宿舍的另一位同学发现了，告诉了全宿舍的人。从此，宿舍中人再买零食时，从不叫上小慧。

从这个事例中，小惠就是因为青春时期，不良心理的产生而导致自己的小心眼，最后让自己在宿舍中的关系维持得不够融洽。这是一种错误的心理特征。小惠应该学会在平时的日常生活中，学会从小事做起，和宿舍同学一起分享下大家的快乐，那样就不会出现类似的事情了。

产生小心眼的原因往往与很多的因素有关：

1. 受父母的影响

在现实生活中，有许多父母当邻居问自己借东西时，总是用各种理由推三阻四，不愿借给别人；还有的父母总是嘴上很阔气，当别人真正用到他时，用尽各种理由回避别人。而这种行径都会被你们模仿，并且根深蒂固地种植在心里。

2. 贫穷延伸的小气

由于贫穷家庭的你从小就养成了节俭的习惯，而又没有正确认识到节俭的真正含义。当别人向自己借东西时，总怕别人不还给自己，或者把自己的东西用完了，弄坏了，而在借给别人东西时，显得小心翼翼。

懂得关心身边的人，杜绝小心眼

青少年你要在与人相处时，学会多和别人进行沟通，多在身边的事情上关心别人，那样就有利于自己良好人际关系的形成。

1. 与人交往中要先人后己

遇到事情时，要先想到别人，再考虑自己。人生活在世上，总要与别人发生交往。但须知道，人际间的交往是有互酬性的，如果你想别人尊敬你，你要先尊敬别人，你付出多少，也会得到多少。但如果在交往中你是一个"小心眼"，事事斤斤计较，为了自己的私利生怕自己吃亏，或者说有点不正常的想法（从交往中捞点好处），这样的话，不管是谁都会离你越来越远，不屑与你交往。因此，有"小心眼"毛病的人，心里要先想想别人，看看到人需要自己帮助些什么，自己能为集体做点什么，而不要总想着自己能从别人身上、从集体当中首先捞到些什么。坚持这样做，"小心眼"自然变作"大心眼"了，这样也可以对你有大的帮助。

2. 做一个肯理解和容纳他人优点和缺点的人

有"小心眼"的你由于心目中的"自我"过于膨胀，往往会神经过敏，总认为别人的一言一行都与自己有关，都是针对自己的，于是常常处于"庸人自扰"的矛盾当中，弄到人际关系十分紧张，甚至会发展到与邻为敌的地步。其实，对别人的一些议论和看法，不必过于看重，即使确实是针对你而来的，也不妨听之任之，只要自己不做亏心事就行了。因此，在与同学的交往中，你不计较别人，别人也就不计较你了，这就是缩小自我。朋友或同学之间相处，都会有不尽人意的地方，唯一做到的就是宽容。不以苛求的标准要求别人，尊重他人，其实是很容易做到的。更重要的是朋友们之间的友谊，能催人上进的力量就是宽容，而不是批评、指责和说教。

3. 重新认识自我。

当你在别人心目中造成了"小心眼"的不良印象，那就要认真地改正了。能否改正的关键是集中到去掉一个私字上，正像一位伟人所说的："克制利己主义，把自私的我踩在脚下。"比如在平时，可以主动与人交往，主动解人之忧，修复好因原来"小心眼"而造成的人际关系上的裂痕，借此来修复自己在人心目中的形象。

　　青少年，你在与人相处时，要学会将心比心，设身处地地为他人着想，不要把自己的需要放在第一位，要多想想对方的需要，在心理上觉得现在正是别人需要自己的时候，站在对方的立场上去懂得关心别人，那样，就会加深彼此间的友谊。心眼自然就宽大了。在人际关系上也会维持得很好的。